ISBN: 978-3-9815485-7-0

3. Auflage, April 2025

(Erstauflage unter dem Titel „Wawra's Naturbuch",
ISBN 978-3-9815485-5-6)

Konzeption und Text:
Ursula Wawra, Würselen
Illustration: Johannes Wawra, Aachen
Gestaltung: Johannes Wawra
Produktion: imageDRUCK+MEDIEN GmbH, Aachen
Printed in Czech Republic

Herstellerangaben:
Natur-Verlag Wawra, Heinzenstr. 17, 52062 Aachen
Ansprechperson: Johannes Wawra
E-Mail: info@naturverlag.de
Telefon: +49 (0)241 407 001

MIX
Papier | Fördert gute Waldnutzung
FSC® C010798

Unserer Natur auf der Spur

Entdecken, erleben, staunen und verstehen

Band 1

Säugetiere · Vögel · Reptilien · Amphibien

Konzeption und Text: Ursula Wawra

Illustration und Gestaltung: Johannes Wawra

NATUR-VERLAG WAWRA

Inhalt

Der Zaunkönig schmettert meistens frei auf einem Ast in Zaunhöhe sitzend (Name!).

Wer die Schönheit und Vielfalt der Natur zu schätzen lernt,
wird ein Leben lang reich beschenkt.

Vorwort

Natur zu erleben und zu verstehen ist eine Bereicherung fürs Leben: Tiere und Pflanzen kennenzulernen macht Freude, gibt ein beglückendes Lebensgefühl und zeigt uns unseren Platz in dieser Welt. Und noch weit mehr als das: Wir brauchen Menschen mit Wissen und Erfahrung! Denn Artenkenntnisse und ein Verständnis für die Zusammenhänge in der Natur sind eine Grundvoraussetzung dafür, sich für die Natur und ihre wundervolle Vielfalt einsetzen zu können.

Meine langjährige Arbeit als Naturpädagogin lässt mich immer wieder aufs Neue erfahren, mit welcher Begeisterung Kinder der Natur begegnen und welche Lernfreude sie zeigen, wenn Erleben und Wissen miteinander verknüpft werden. Wie gern entdecken sie Tierspuren und wollen wissen, von welchem Tier sie stammen. Wie stolz macht es sie, den schmetternden Gesang des Zaunkönigs zu erkennen. Und wie faszinierend ist es, Zwergfledermäuse im letzten Abendlicht bei ihrem stillen Jagdflug zu beobachten – besonders dann, wenn man bis dahin gar nicht wusste, dass einige Fledermäuse auch ganz in unserer Nähe leben!

Mit diesem Buch möchten wir insbesondere Kinder, aber auch alle interessierten Erwachsenen, die noch dazulernen wollen, neugierig machen auf die Natur „vor der eigenen Haustür“, hinführen zum Bestimmen und Vergleichen, Begreifen und Verstehen. Mit vielfältigen Aktionsvorschlägen, auf die ein lustiger kleiner Igel aufmerksam macht, wollen wir nach draußen locken zu spannenden Beobachtungen und eigenen Entdeckungen.

Aus der Vielzahl der heimischen Arten haben wir vor allem solche ausgewählt, die sich tatsächlich beobachten lassen, weil sie oft gar nicht so weit von uns entfernt leben wie gedacht. Seltene Arten werden nur dort vorgestellt, wo es uns zur Vervollständigung oder zum Vergleichen sinnvoll erschien. Biologische Sachverhalte werden leicht verständlich erklärt und auf das Wesentliche reduziert. Nicht zuletzt helfen die klare Gestaltung und die Gliederung des Buchs, einen grundlegenden Überblick über die heimischen Landwirbeltiere zu gewinnen.

Wer die Tiere auch hören will, findet die typischen Stimmen aller gezeigten Singvögel und Amphibien und vieler Säugetiere auf unserer Homepage. Lesen, sehen und gleichzeitig hören: So sind Fuchs und Luchs, Eulen und Unken sofort beeindruckend nah!

Wir können viel mehr wahrnehmen, wenn unsere Neugier erst einmal geweckt ist und unsere Sinne geschärft sind. So wünschen wir allen Leserinnen und Lesern – ob jung oder alt, lernend oder lehrend – viel Freude an diesem Buch und eindrucksvolle Naturbegegnungen!

Ursula Wawra und Johannes Wawra

Wildschwein-Mutter beim Säugen ihrer fünf Jungen

Säugetiere

Hungrig und gierig saugen sie an den Zitzen der Mutter, die kleinen, braun gestreiften Frischlinge, und zeigen damit ein besonderes Merkmal der Klasse der Säugetiere, deren Junge mit Muttermilch ernährt werden.

Weltweit existieren etwa 5500 Säugetier-Arten in einer bewundernswerten Vielfalt. Die meisten bewohnen das feste Land mit all seinen Klimazonen. Einige nutzen aber auch den Luftraum wie die heimischen Fledermäuse. Oder leben – wie der tonnenschwere Blauwal, das größte Tier der Welt – sogar ausschließlich im Wasser.

In Deutschland gibt es, vom Rothirsch bis zur Zwergspitzmaus, rund 90 Arten.

Röhrender Rothirsch

Vom Rothirsch bis zur Zwergspitzmaus

Der Rothirsch ist das größte heimische Säugetier und gilt als „König der Wälder". Besonders imposant wirkt er im Herbst, wenn er vor Kraft strotzend auf einer Lichtung steht und laut röhrend sein Revier und sein Rudel verteidigt. Auch wenn er scheu in weitläufigen Waldgebieten lebt, können wir ihn in manchen Gegenden aus nächster Nähe erleben.

Anders sieht es beim kleinsten heimischen Säugetier, der Zwergspitzmaus, aus: Sie ist gar nicht so selten, wie man meint, lässt sich aber wegen ihrer geringen Größe, der nächtlichen, stillen Lebensweise und der flinken Bewegungen zwischen Grashalmen und Laubwaldblättern kaum beobachten.

Der Körper einer Zwergspitzmaus ist etwa 5 cm lang.

Merkmale der Säugetiere

Ob hirschgroß oder spitzmausklein: Alle Säugetiere haben bedeutende Gemeinsamkeiten. Neben dem namengebenden Merkmal, dass sie ihre *Jungen mit Milch säugen* und somit eine reichhaltige erste Ernährung sichergestellt ist, gibt es noch weitere gemeinsame Merkmale wie folgende:

Säugetiere bringen *lebendige Junge* zur Welt. Ausnahmen sind nur die in Australien, Tasmanien und Neuguinea lebenden Ursäuger (Schnabeltiere und Ameisenigel), die Eier legen. Nach der Geburt dauert die elterliche Fürsorge noch Wochen bis Jahre an.

Säugetiere besitzen *Haare*, die bei den meisten Arten als Fell fast den ganzen Körper bedecken. Zusammen mit einer mehr oder weniger dicken Fettschicht unter der Haut sorgt das Fell dafür, dass die Körpertemperatur gleich gehalten werden kann. Man nennt die Säugetiere deshalb *„gleichwarme" Tiere*. Auch Vögel sind „gleichwarm". Im Gegensatz dazu ändert sich die Körpertemperatur von Fischen, Amphibien und Reptilien mit der Außentemperatur. Bei ihnen spricht man daher von „wechselwarmen" Tieren.

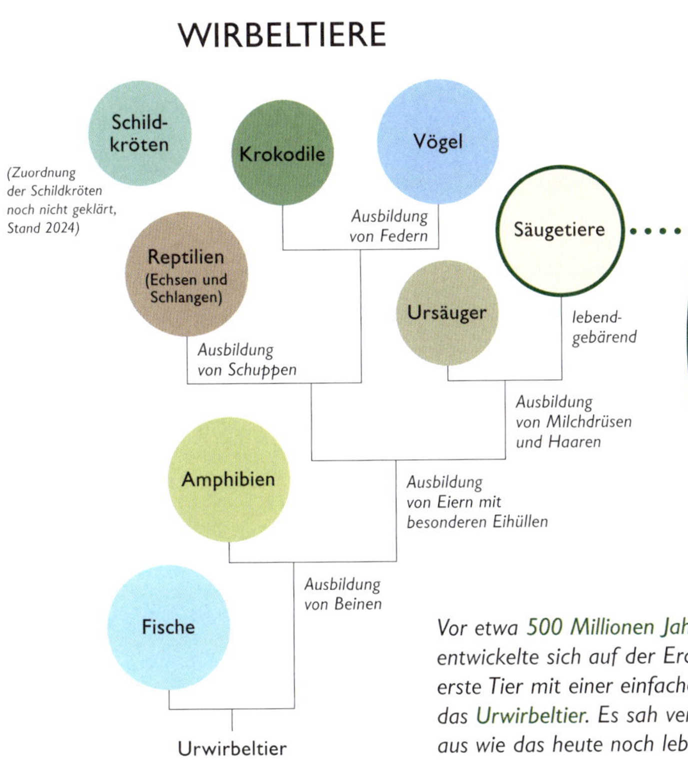

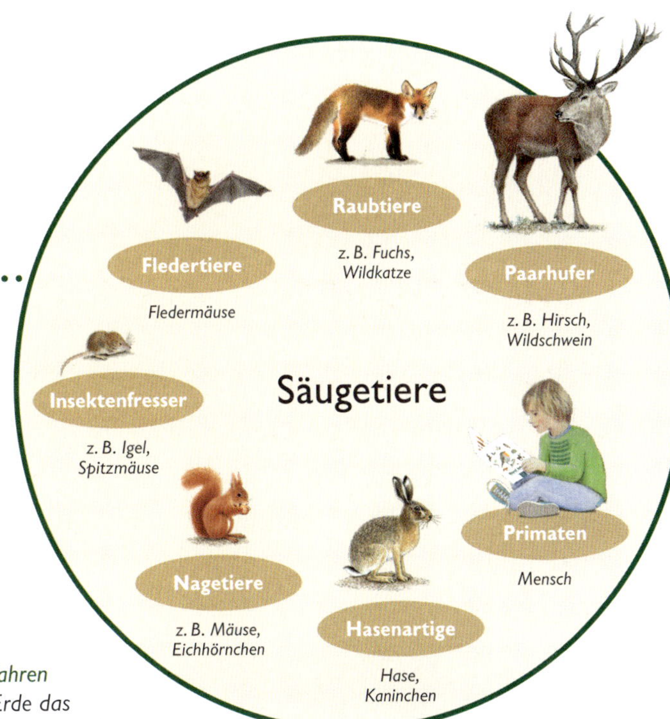

Vor etwa 500 Millionen Jahren entwickelte sich auf der Erde das erste Tier mit einer einfachen Wirbelsäule, das Urwirbeltier. Es sah vermutlich ähnlich aus wie das heute noch lebende Neunauge. Aus dem Urwirbeltier entstanden im Laufe von Jahrmillionen die Wirbeltiere: Fische, Amphibien, Reptilien, Vögel, Säugetiere ...

Die bei uns vorkommenden Verwandtschaftsgruppen der Säugetiere, zu denen auch der Mensch gehört

Reh

Rehe leben in offenen Wäldern mit reichlich Unterholz. Auch große Getreidefelder gehören zu ihrem Lebensraum. Sie sind viel kleiner und zierlicher als Hirsche und haben große, aufrecht stehende Ohren und große Augen. Bei Gefahr bellen sie.

Der Rehbock wirft sein Geweih jedes Jahr im Herbst ab.

Rehbock

Ricke

Das Sommerfell ist rostrot mit gelblichem Spiegel (Fleck hinten), das Winterfell graubraun mit weißem Spiegel.

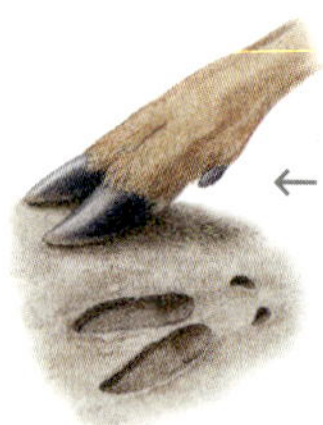

← Die Afterklauen von Rotwild und Rehwild drücken sich nur beim Springen ab.

Rehe und Hirsche sind Pflanzenfresser. Während Rehe als „Feinschmecker“ nur besonders nahrhafte Pflanzenteile abpflücken wie die Spitzen von Zweigen, Kräutern und Gräsern, sind Hirsche weit weniger wählerisch.

Rothirsch

Der Rothirsch ist mit einer Schulterhöhe bis zu 1,50 m und einem Gewicht von 120 bis 150 kg das größte heimische Säugetier. Er lebt vor allem in weitläufigen, stillen Waldgebieten mit großen, offenen Flächen.

Der Hirsch wirft sein Geweih im Februar/März ab. Bis zum Sommer wird es durch ein neues ersetzt.

Hirsch

Im Sommer ist das Fell vom Rothirsch rotbraun (Name!), im Winter graubraun.

Hirschkuh

Die Hirschkuh ist deutlich kleiner und schlanker als der Hirsch.

Hirsch *Hirschkuh*

Wildschwein

Wildschweine bewohnen Wälder mit dichtem Unterholz, auch in Stadtnähe. Sie fressen fast alles, was sie mit ihrer feinen Nase im und am Boden finden: Eicheln, Bucheckern, Gräser, feine Wurzeln, Würmer, junge Mäuse …

Um sich zu kühlen oder von Insekten und Zecken zu befreien, legen sich Wildschweine gerne in Schlammlöcher (Suhlen). Wenn sie sich später an einem Baum das Fell scheuern, bleibt unten am Stamm eine graue Fläche vom getrockneten Schlamm zurück, wodurch die Rinde wie bemalt aussieht. Deshalb nennt man solche Bäume „Malbäume“.

Die Jungen werden im April oder Mai geboren. Die ersten Wochen verbringen sie abseits der Rotte.

Bache (Weibchen) mit Frischlingen

Ältere Keiler (Männchen) sind Einzelgänger.

Bei Keilern ragen die vier Eckzähne aus dem Maul heraus (bei Bachen seltener). Sie werden in der Jägersprache als „Gewaff“ bezeichnet: Die beiden unteren sind lang, spitz und scharf.

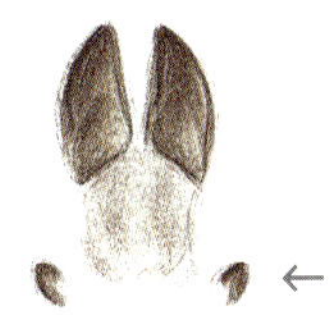

Die Abdrücke der Afterklauen sind beim Wildschwein deutlich sichtbar und stehen nach außen.

An diesem Baum haben sich Wildschweine gescheuert. Gute „Malbäume“ werden immer wieder aufgesucht, sodass ihre Rinde nach und nach abgerieben wird und Harz austritt.

Mach mit! – Am Scheuerbaum schnuppern

Falls du einmal einen „Malbaum“ entdeckst, halte deine Nase ganz dicht an die Scheuerstelle: Ist der würzige Geruch des Wildschweins noch zu riechen? Vielleicht hängt auch noch eine lange Borste am Stamm! Liegt in der Nähe eine Suhle?

Mach mit! – Hirsche röhren hören

Im Herbst ist die Brunftzeit der Hirsche. Jetzt wird entschieden, wer der Stärkste und damit der Platzhirsch ist. Einige Naturzentren bieten die Möglichkeit an, die Hirschbrunft von Beobachtungsständen aus hautnah zu erleben. Vielleicht gibt es in deiner Umgebung ein solches Angebot? – Gänsehaut garantiert!

Kleinere Beutetiere wie Mäuse und Maulwürfe fängt der Fuchs mit einem geschickten Luftsprung.

Rotfuchs

Fuchs

Der Fuchs ist das häufigste wild lebende Raubtier Europas. Er lebt in Wäldern, Gebüschen und Parkanlagen und frisst vor allem Kleinsäuger wie Mäuse, aber auch Vögel, Insekten oder Früchte.

vorne

hinten

Waschbär

Der Waschbär gehört zu den Arten, die neu eingewandert sind. Dieser Kleinbär kam um 1930 aus Nordamerika nach Europa. Er ist in Mischwäldern mit fließenden Gewässern heimisch, lebt mittlerweile aber auch in Städten. Er kann gut klettern und auch schwimmen.

Wölfe verständigen sich mit einem langgezogenen Heulen: „Houuuuuuh".

Wolf

Noch im 18. Jahrhundert war der Wolf bei uns in allen großen Wäldern heimisch. Eine gnadenlose Bejagung führte aber dazu, dass er um 1900 in Deutschland ausgerottet war.

Im Jahr 2000 wurden in der Oberlausitz (Sachsen) erstmals wieder Junge geboren. Seitdem verbreitet sich der Wolf in Deutschland stetig. Inzwischen ist der Bestand auf über 200 Rudel angewachsen (Stand 2024).

Die bisherigen Erfahrungen mit den „Heimkehrern" zeigen, dass Begegnungen zwischen Menschen und Wölfen nur selten sind, denn der Wolf ist dem Menschen gegenüber von Natur aus scheu.

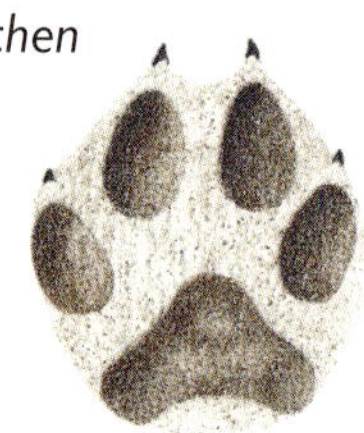

Zur Beute des Wolfs gehören Rehe, Hirsche, Wildschweine, Hasen und andere Säugetiere, aber auch Nutztiere wie Schafe und Ziegen, wenn die Weiden nicht ausreichend geschützt werden.

Die Wildkatze hat einen walzigen Schwanz mit schwarzen Ringen und schwarzem Ende.

Europäische Wildkatze

Die Europäische Wildkatze ähnelt zwar unserer Hauskatze, ist aber nicht ihre direkte Vorfahrin. Das ist wahrscheinlich die Afrikanische Wildkatze.

Wildkatze

Die Wildkatze ist sehr scheu und lebt in großen, ruhigen Wäldern mit Wiesen und reichlich Deckung. Sie frisst vor allem Mäuse. Man schätzt, dass es in Deutschland wieder mehrere Tausend Wildkatzen gibt. Gefährdet ist sie vor allem dort, wo Straßen ihren Lebensraum zerschneiden.

Seltener Fang: Wildkatze mit erbeutetem Feldhasen

Der Luchs jagt vor allem Rehe und andere größere Säugetiere. Ein Reh, das durchs Unterholz zieht, kann er noch aus 500 m Entfernung hören!

Wildkatze und Luchs sind wie alle Katzen Überraschungsjäger, die sich an ihre Beute anschleichen und sie nach einem kurzen Spurt oder Sprung greifen.

Luchs

Nachdem der Luchs im 19. Jahrhundert in Deutschland ausgerottet wurde, ist diese hochbeinige, stolz wirkende Katze inzwischen zurückgekehrt und streift auch hierzulande wieder vereinzelt durch ausgedehnte Wälder mit dichtem Unterholz. Ihre Bewegungen sind äußerst elegant und geschmeidig, ihre Augen und Ohren hervorragend.

In ganz Europa gehört der Luchs zu den seltensten Säugetieren.

Eurasischer Luchs

Typisch für den Luchs sind die Haarpinsel an den Ohren und der Stummelschwanz mit schwarzem Ende.

Alle auf dieser Doppelseite abgebildeten Arten gehören zur Familie der Marder.

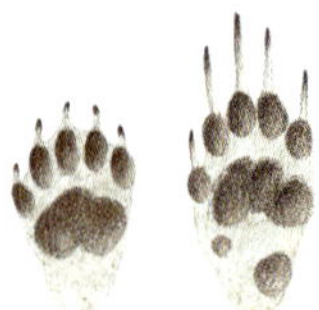

hinten *vorne*

Der Vorderfuß des Dachses hat auffallend lange Krallen.

Dachs

Von seinen Verwandten unterscheidet sich der Dachs vor allem durch sein schwarz-weiß gestreiftes Gesicht, seine Größe und den eher behäbigen Körperbau. Er ist kein guter Kletterer, wohl aber ein Meister im Graben (Bau s. S. 46-47). Dachse halten wie Eichhörnchen eine Winterruhe.

Dachse sind Allesfresser. Zu ihrer Nahrung gehören vor allem Regenwürmer, dazu Raupen, Larven, Käfer, Vogeleier und kleine Säugetiere wie Wühlmäuse. Sie fressen aber auch pflanzliche Kost wie Eicheln, Feldfrüchte, Beeren und Obst.

Iltis

Der Iltis ist durch seine schwarz-weiße Gesichtsmaske und die hell durchscheinende Unterwolle gut vom Stein- und Baummarder zu unterscheiden. Er wird auch „Stänker" genannt, weil er einen Angreifer noch stärker als andere Marder durch das Ausspritzen einer stinkenden Flüssigkeit abwehrt.

Der Iltis lebt in Wäldern und Dörfern, gerne in der Nähe von Gewässern. Amphibien wie Kröten und Frösche, aber auch kleinere Säugetiere sind seine bevorzugte Nahrung.

Fischotter

Der auch als „Wassermarder" bezeichnete Fischotter lebt an Bächen, Flüssen und Seen mit dichtem Uferbewuchs. Dort gräbt er einen Bau, dessen Eingang wie beim Biber unter Wasser liegt. Der Fischotter ist ein hervorragender Schwimmer und Taucher. Er frisst vor allem Fische, aber auch viele andere Tiere, die im und am Wasser leben.

*Auch das kommt vor:
Wer im weißen Winterfell auf grüner Wiese mit fetter Beute unterwegs ist, muss selbst besonders wachsam sein!*

Hermelin
(Großes Wiesel)

Das Hermelin hat im Sommer ein oberseits braunes Fell, ist im Winter aber schneeweiß mit schwarzer Schwanzspitze. Es bewegt sich blitzschnell („flink wie ein Wiesel") und gewandt, jagt vor allem Mäuse, erbeutet aber auch Wildkaninchen, Vögel, Eidechsen und vieles mehr.

Mauswiesel

Mit nur etwa 10 bis 25 cm Körperlänge ist das Mauswiesel das kleinste Raubtier der Welt. Es ist so schmal und beweglich, dass es in enge Mäusegänge eindringen kann (seine Hauptnahrung sind Wühlmäuse). Es lebt in versteckreichen, offenen Landschaften.

Steinmarder

Sein natürlicher Lebensraum sind Waldränder und Feldgebiete. Weil der Steinmarder aber äußerst vorsichtig, sehr anpassungsfähig, ein nachtaktiver Allesfresser und noch dazu ein perfekter Kletterer ist, konnte er auch Dörfer und Städte erobern, wo er sein Lager in Scheunen, Dachböden, altem Gemäuer und auch im Motorraum von Autos bezieht.

Baummarder

Der Baummarder ist viel seltener als der Steinmarder. Er lebt in einsamen, abwechslungsreichen Wäldern und hält sich – noch klettergewandter als der Steinmarder – vor allem in Bäumen auf. Ganz oben auf seiner Speiseliste stehen Mäuse und Eichhörnchen.

Hasenartige

Kaninchen-Losung (häufig in großen Ansammlungen)

Wildkaninchen

Das Wildkaninchen ist viel kleiner und rundlicher als ein Hase. Es flitzt schnell, ist aber kein Langstreckenläufer. Es lebt gesellig in Wäldern und Parks und baut unterirdische Wohnröhren (s. S. 43).

← große Ohren mit schwarzen Spitzen

Hasen-Losung

Feldhase

Hasen leben auf Feldern, Wiesen und in offenen Wäldern. Sie haben lange Hinterbeine, können sehr schnell und ausdauernd laufen und Haken schlagen. Sie bauen keine Höhle, sondern ruhen in einer Erdmulde (s. S. 44).

„Hasenhochzeit“: Vor allem im Vorfrühling kann man die Hasen dabei beobachten, wie sie ausgelassen über Wiesen und offene Felder jagen.

Nagetiere

Mit selbst gebauten Staudämmen halten die Biber den Wasserstand hoch.

Wie bei allen Nagetieren wachsen die vier kräftigen Schneidezähne des Bibers ständig nach und schärfen sich beim Nagen.

Biber

Biber sind eng an Gewässer gebunden, an denen sie ihren Bau anlegen können (s. S. 49). Wie die Fischotter sind sie für das Leben als Schwimmer und Taucher bestens ausgestattet. Der flache Schwanz (die Kelle) dient vor allem als Steuer, die Hinterfüße tragen breite Schwimmhäute, das Fell ist enorm dicht, und die kleinen Ohren und die Nase können geschlossen werden.

Der Biber ist das größte Nagetier Europas und nach dem Wasserschwein aus Südamerika sogar das zweitgrößte Nagetier der Welt.

Das Europäische Eichhörnchen gibt es in verschiedenen Fellfarben: von Fuchsrot über Rotbraun bis tief Dunkelbraun.

Kobel

Zum Schlafen und für die Aufzucht der Jungen baut das Eichhörnchen in Bäumen oder Sträuchern große, kugelige Nester (Kobel) aus Ästchen, die innen mit Moos und Wolle weich ausgepolstert sind. Auch alte Krähennester, Baumhöhlen und Nistkästen werden bewohnt.

Sprunggruppe

Eichhörnchen

Eichhörnchen verbringen den größten Teil ihres Lebens in den Bäumen. Sie sind äußerst geschickte Kletterer, die sich auch mit dem Kopf nach unten schnell abwärts bewegen können.

Das Eichhörnchen legt einen Wintervorrat an. Es versteckt Haselnüsse und andere Früchte im Boden oder in Rindenspalten. Später findet es diese Vorräte mit seiner Nase wieder. Wie der Dachs hält das Eichhörnchen Winterruhe: Es verschläft nasskalte Wintertage, bis das Wetter wieder besser ist.

von einem Eichhörnchen geöffnete Haselnuss (s. a. Seite 56)

Beim Springen von einem Baum zum anderen können „Eichkätzchen" mehrere Meter überbrücken. Dabei dient der Schwanz zum Balancieren. Beim Sprung in die Tiefe fliegt das leichte Hörnchen mit weit gespreizten Beinen wie ein Fallschirm.

Haselmaus

Gartenschläfer

Siebenschläfer

Bilche

Bilche haben einen buschig behaarten Schwanz, sind flinke Kletterer und nachtaktiv. Sie halten einen sehr langen Winterschlaf und werden deshalb auch Schläfer oder Schlafmäuse genannt. Zu den Bilchen gehören Siebenschläfer, Gartenschläfer, Haselmaus und, ganz selten in Deutschland, der Baumschläfer.

Siebenschläfer und Gartenschläfer leben nicht nur in lockeren Laubwäldern, sondern auch in größeren Gärten in der Nähe des Menschen, wenn dort reichlich Obst, Nüsse und Beeren zu finden sind.

Losung des Siebenschläfers

Sieben Monate lang, von Oktober bis Mai, schläft der Siebenschläfer (Name!) in Baumhöhlen oder Nistkästen, gerne auch in Scheunen oder auf Dachböden. Auch in der Sommerzeit ist der kleine „Schlafratz" mit bis zu 20 Stunden am Tag ein wahrer Langschläfer.

Nagetiere

Zwergmaus

Die Zwergmaus ist die kleinste Maus. Sie lebt im Schilf oder in Feldern und Wiesen mit hohen Halmen, in die sie ihr kugeliges Nest baut.

Die Rötelmaus ist an ihrem rötlich-braunen Fell gut zu erkennen. Sie lebt überall in krautreichen Wäldern und im Gebüsch, auch in Menschennähe. Wie alle Wühler hat sie einen kurzen Schwanz.

Rötelmaus

Hausmaus

Hausmäuse wohnen gerne in der Nähe des Menschen, wo sie reichlich Nahrung finden. Als ursprüngliches Steppentier leben sie aber auch auf Feldern und Ödland. Sie fressen vor allem Sämereien, auch Insekten gehören zu ihrer Nahrung. Ihr Fell ist einfarbig „mausgrau“ bis braungrau.

Feldmaus

Die Feldmaus lebt auf Feldern und Wiesen, wo sie zwischen den vielen Eingangslöchern zahlreiche „Trampelpfade“ hinterlässt.

Schermäuse werden auch „Wasserratten“ genannt, weil sie gerne in Wassernähe leben. Ihre Hauptnahrung sind Wurzeln. Wie Maulwürfe werfen sie oft Erdhügel auf.

Ost-Schermaus

Die Gelbhalsmaus ist mit 12 cm Körperlänge unsere größte Waldmaus. Sie hat große Augen und Ohren, einen sehr langen Schwanz und eine weiße Unterseite mit gelblichem Halsfleck.

Gelbhalsmaus

Wanderratte

In freier Wildbahn wohnt die Wanderratte in einem Erdbau, in Städten aber meistens in der Kanalisation. Seltener als die Wanderratte ist die Hausratte.

Schon ab dem Sommer stopft sich der Feldhamster die Backentaschen voll und schleppt mehrere Kilo Getreidekörner, Rübenschnitzel und andere Feldfrüchte in seinen Bau. Bis zu seinem Winterschlaf und nach dem Aufwachen im Frühjahr futtert er sich daran satt.

Der Feldhamster ist in vielen Gegenden Europas vom Aussterben bedroht. Ursache ist vor allem der Einsatz von schweren Maschinen, die große Flächen in nur wenigen Tagen komplett abernten. Dadurch gehen Nahrung und Verstecke verloren.

Feldhamster

Langschwanzmäuse

Die Mäuse aus dieser Familie haben meistens einen langen und beweglichen Schwanz. Die bekanntesten sind die weltweit verbreitete Hausmaus, die Hausratte und die Wanderratte. Zu den heimischen Langschwanzmäusen gehören auch die Waldmäuse und die versteckt lebende zierliche Zwergmaus.

Wühler

Mäuse aus der Familie der Wühler haben einen kurzen Schwanz und kleine Augen und Ohren. Zu den Wühlern gehören verschiedene Wühlmausarten wie die Schermäuse, die Feldmaus und die Rötelmaus, die sehr häufig sind. Aber auch der seltene Feldhamster ist ein Wühler.

Fledertiere

Fledermäuse

Fledermäuse sind die einzigen heimischen Säugetiere, die aktiv fliegen können. Sie orientieren sich mit Ultraschall-Lauten *(s. eigenes Kapitel ab S. 22).* *Fledermäuse halten Winterschlaf.*

Großes Mausohr

Zwergfledermaus

Zwergfledermaus

In Deutschland leben 24 Fledermausarten. Die Zwergfledermaus ist unsere häufigste und neben der selteneren Mückenfledermaus unsere kleinste Art, das Große Mausohr die größte. Die meisten heimischen Arten sind gefährdet!

Mit zusammengefalteten Flügeln erinnert eine Fledermaus durch ihr Fell und ihre Körperform an eine Maus (Name!).

Insektenfresser

Zwergspitzmaus

Gartenspitzmaus

Waldspitzmaus

Spitzmäuse

Spitzmäuse sind keine Mäuse! Sie sind mit Igel und Maulwurf verwandt. Auffallend ist ihre lange, bewegliche und spitze Nase (Name!). Sie fressen vor allem Insekten, aber auch kleinere Wirbeltiere wie Mäuse und Frösche. Bei Gefahr wehren sie sich mit einem stinkenden Geruch. Deshalb lassen Feinde wie Katzen sie nach dem Fangen liegen.

Es gibt sechs heimische Arten. Die nur rund 5 g wiegende Zwergspitzmaus ist das kleinste Säugetier Deutschlands!

Unentwegt schnüffelnd stöbert der Igel nachts durch sein Revier. Mit seiner guten Nase erkennt er, was ihm schmeckt: Insekten wie Käfer und Raupen, aber auch viele andere kleine Tiere.

Igel

vorne

hinten

Igel leben vor allem in naturnahen Gärten, alten Obstwiesen und Heckenlandschaften, wo sie reichlich Nahrung und gute Verstecke für ihr Tagesnest, die Kinderstube und den Winterschlaf finden.

Maulwurf

Kennzeichnend für den Maulwurf sind sein dichtes, samtweiches Fell, die sehr kleinen, im Pelz verborgenen Augen und Ohren, die nackte und rüsselartige Schnauze und vor allem die breiten Vorderfüße mit ihren starken Grabkrallen. Der Maulwurf lebt einzelgängerisch in einem weit verzweigten Röhrenbau. Er frisst Regenwürmer, Schnecken und Insekten.

Maulwurfshügel *(s. S. 48)*

Großes Mausohr im Tiefflug über einer Wiese

Akrobaten der Nacht

Sie leben heimlich und im Dunkeln, unsere einzigen fliegenden Säugetiere, aber trotzdem hat nahezu jeder von uns die Möglichkeit, Fledermäuse zu beobachten. Vor allem beim Beginn ihrer Jagd im letzten Abendlicht oder im hellen Schein einer Straßenlampe, wenn sie von einem Augenblick zum anderen aus der Dunkelheit auftauchen, mit geschickten Bewegungen nach Beutetierchen schnappen und eine Zeit lang ihre Runden drehen, bis nicht mehr genug zu erhaschen ist und sie ihr Jagdgebiet wechseln. – Begegnungen mit Fledermäusen und das Wissen über ihre außergewöhnliche Lebensweise lassen sie uns als faszinierende kleine Nachtjäger erleben.

Das Große Mausohr sammelt vor allem Laufkäfer vom Boden auf. Auch Heuschrecken, Raupen, Nachtfalter oder Spinnen werden erbeutet.

Leichtgewicht im Laternenlicht

Es ist nicht einfach, die verschiedenen Fledermausarten voneinander zu unterscheiden. Sieht man sie doch nur ganz selten einmal ruhig sitzend oder hängend aus der Nähe. Noch dazu fliegen sie vorwiegend im Dunkeln. Aber ihre Verhaltensweisen bei der Jagd können weiterhelfen: Wenn zum Beispiel eine auffallend kleine Fledermaus im gewandten Schlaufenflug eine Straßenlaterne umkurvt, und das auch bei kühlem und regnerischem Wetter, ist es wahrscheinlich eine Zwergfledermaus. Sie ist die häufigste der 24 heimischen Fledermausarten und lebt in unseren Dörfern und Städten, sogar mitten in Großstädten. So können die meisten Menschen, oft ohne es zu wissen, diese fluggewandten „Zwerge“ beobachten.

Zwergfledermaus

Die Zwergfledermaus ist neben der seltenen Mückenfledermaus unsere kleinste Art. Sie wiegt nur etwa 5 g und ist so klein, dass sie in eine Streichholzschachtel passt. Im Flug ist sie mit 20 cm Flügelspannweite halb so groß wie ein Großes Mausohr.

Zwergfledermaus

Orientierung mit Echo

Fledermäuse orientieren sich vor allem mit den Ohren: Unaufhörlich stoßen sie hohe, für uns meistens nicht hörbare Rufe aus. Wenn diese Ultraschalltöne auf ein Hindernis oder Beutetier treffen, wird ein Echo zu den Fledermäusen zurückgeworfen, das sie dann mit ihren Ohren auffangen und „ablesen“.

Durch die Echo-Ortung kann eine jagende Fledermaus auch bei absoluter Dunkelheit blitzschnell ein Insekt erkennen. Sie kann sogar messen, wie weit eine Mücke oder Motte von ihr entfernt ist, um dann gezielt zuzupacken.

Das Große Mausohr wurde früher auch „Riesenfledermaus“ genannt. Es ist mit etwa 40 cm Flügelspannweite unsere größte heimische Art. Diese Fledermaus jagt oft im langsamen Tiefflug durch Alleen, über Waldwegen und Wiesen.

Großes Mausohr

Mit kleinsten Gehörorganen in den Flügeladern können die zarten, hellgrünen Florfliegen die Ultraschalllaute der Fledermäuse hören.

Aber einige Insekten können den Fledermäusen auch entkommen: Manche, z. B. die Florfliegen, nehmen die Rufe der Fledermäuse wahr und retten sich mit einem blitzschnellen Sturzflug. Andere haben einen so dichten „Pelz“, dass die Ortungslaute der Fledermäuse „verschluckt“ werden. Wieder andere geben selbst Ultraschalltöne ab, was die Fledermäuse vermutlich als Warnsignal für Ungenießbarkeit verstehen.

Je nach Fledermausart werden Käfer, Nachtfalter, Heuschrecken, Fliegen und viele andere Insekten gejagt. Manche Fledermäuse fressen auch Spinnen.

Fledermäuse können auch sehen. Zwar nicht besonders gut, aber immerhin nehmen sie mit ihren kleinen Augen Formen wie Bäume, Hecken oder Häuser wahr. Zudem haben sie ein sehr gutes Ortsgedächtnis, was ihnen ermöglicht, in ihren Jagdgebieten immer wieder dieselben vertrauten Flugbahnen zu nutzen.

Nahrung und Jagd

Schon gewusst?

Eine Fledermaus kann in einer Sekunde 7-mal kauen!

Unsere heimischen Fledermäuse erbeuten hauptsächlich Insekten. Viele jagen im freien Luftraum – je nach Art und Wetter mehr oder weniger hoch. Bei gutem Wetter fliegen z. B. die *Abendsegler* hoch oben über den Bäumen. Auch die *Breitflügelfledermaus* gehört zu den Jägern im offenen Luftraum. Es gibt aber auch Arten, die aus dem langsamen Tiefflug oder dem niedrigen Rüttelflug heraus Käfer, Schnaken und andere Insekten vom Boden oder von Pflanzen aufnehmen, z. B. das *Große Mausohr* oder das *Braune Langohr*. Manche Fledermäuse nutzen Seen oder Flüsse zur Nahrungssuche. So jagt die *Wasserfledermaus*

Fledermäuse jagen nicht nur hoch oben in der Luft, sondern auch am Boden, über Wasserflächen oder von einem Ansitz aus.

Jagd im offenen Luftraum: z. B. Großer Abendsegler

Bodenjagd im Tiefflug oder Rüttelflug: z. B. Großes Mausohr oder Braunes Langohr

Wasserjagd: z. B. Wasserfledermaus

Ansitzjagd: z. B. Große Hufeisennase

dicht über der Wasseroberfläche. *Hufeisennasen* (s. S. 27) wenden noch eine andere Jagdtechnik an, die Ansitzjagd: An einem Zweig hängend drehen sie sich hin und her und stoßen dabei ständig Laute aus. Sobald ein vorbeifliegendes Insekt geortet wird, startet die Fledermaus zu einem kurzen, akrobatischen Flug und schnappt zu.

Wasserfledermäuse jagen dicht über dem Wasser fliegende oder auf dem Wasser treibende Insekten. Manchmal angeln sie mit ihren Füßen auch kleine Fische.

Weder Maus noch Vogel

Fledermäuse und Flughunde sind weltweit die einzigen Säugetiere, die fliegen können. Ihre Flügel bestehen aus einer elastischen Flughaut, die an dünnes, weiches Leder erinnert. Die zusammengefalteten Flügel sind gekräuselt. Wenn die Fledermaus aber ihre Arme mit den extrem langen Fingern ausstreckt, wird die Flughaut zu einer großen, glatten Fläche aufgespannt. Ähnlich wie die Stäbe eines Regenschirms, der aufgeklappt wird, geben die zu „Stäbchen" verlängerten Finger der Tragfläche den nötigen Halt. Die kurzen Daumen mit ihren starken Krallen bleiben zum Kriechen, Klettern und Hängen frei.

Großer Abendsegler

Fledermäuse haben im Vergleich zu ihrem Körper extrem große „Hände". Ihre langen Finger geben der Flughaut den nötigen Halt. Im Gegensatz zum Flügel eines Vogels besteht die Flughaut einer Fledermaus aus lebendem Gewebe.

Der Große Abendsegler fliegt schon am frühen Abend (Name!) aus, wenn es noch hell ist, im Herbst sogar tagsüber bei Sonnenschein. Mit seinen schmalen Flügeln könnte man ihn auf den ersten Blick mit einem Mauersegler verwechseln. Wie das Große Mausohr gehört auch der Große Abendsegler mit einer Flügelspannweite von etwa 36 cm zu den großen Fledermausarten.

„Mäuse" heißen die Fledermäuse nur deshalb, weil ihr Körper beim ersten Blick einer Maus ähnelt. Ihre nächsten heimischen Verwandten sind aber nicht die Mäuse, sondern Igel, Maulwurf und Spitzmaus.

Das Braune Langohr kann mit den Flügeln rüttelnd in der Luft stehen bleiben, um Insekten von Blüten, Blättern oder Hauswänden zu schnappen. Die beiden heimischen Langohren, das Braune Langohr und das Graue Langohr, sind durch ihre etwa 4 cm langen Ohren, die fast so lang sind wie ihr Körper, unverwechselbar.

Lebensräume und Sommerquartiere

Wochenstuben von Mausohren befinden sich oft in großen, stillen Räumen, z. B. in Kirchtürmen.

Fledermäuse kommen in vielen verschiedenen Lebensräumen vor: in Städten und Ortschaften, in Waldgebieten und Ackerlandschaften, in Gebieten mit Felsen oder Seen, in kühleren oder wärmeren Gegenden. Je nach Art bevorzugen sie tagsüber die unterschiedlichsten Quartiere: enge Mauerspalten, Dachböden, Kirchtürme, Felshöhlen, Keller, Baumhöhlen oder auch Nistkästen.

Zur Aufzucht der Jungen suchen mehrere oder viele Weibchen ein gemeinsames Quartier auf. Hier verbringen sie die Wochen vor und nach der Geburt miteinander. Eine solche Sommerkolonie wird *Wochenstube* genannt.

Fledermäuse leben nicht nur in Dachstühlen, Höhlen und Stollen. Ihre Quartiere befinden sich je nach Art auch unter Dachziegeln, in Mauerspalten, hinter Fensterläden oder in Baumhöhlen.

Winterschlaf

Fledermäuse halten Winterschlaf. Im Herbst, manchmal erst im November oder Dezember, suchen sie kühle und feuchte Quartiere auf, die ihnen Schutz vor Frost und Zugluft bieten und in denen sie auch vor Feinden sicher sind. *Zwergfledermäuse* sind typische Spaltenbewohner: Durch engste Schlitze kriechen sie in Mauerhohlräume hinein, klettern in Rollladenkästen oder verschwinden hinter Holzverkleidungen. Andere, z. B. die *Großen Abendsegler*, überwintern hängend in Höhlen von dicken, alten Bäumen oder in Felsspalten. Bei manchen Arten können die Winterquartiere Hunderte Kilometer von den Sommerquartieren entfernt liegen.

Kotkrümel am Boden oder auf Fensterbrettern verraten, dass hier Fledermäuse wohnen.

Mausohren bevorzugen als Winterquartier feuchte Felshöhlen, wo sie kopfunter an den Decken und Wänden hängen. Sie können aber auch in enge Spalten von Gemäuern kriechen und dort überwintern.

Fledermäuse sind stark bedroht

Seit mehr als 50 Millionen Jahren leben Fledermäuse nun schon auf der Erde. Heute sind die meisten der 24 heimischen Fledermausarten aber gefährdet, manche, wie die Hufeisennasen, in Deutschland sogar vom Aussterben bedroht. Dafür gibt es verschiedene Gründe:
Winter- und Sommerquartiere gehen verloren, weil es an renovierten und neuen Häusern nicht mehr so viele Öffnungen gibt wie an alten Gebäuden, weil Höhlen zugeschüttet und alte, hohle Bäume gefällt werden. Dadurch entsteht große Wohnungsnot, denn Fledermäuse sind ortstreu und suchen jahrelang immer wieder dieselben Quartiere auf. Außerdem wird die Nahrung der Fledermäuse durch Insektengifte und ausgeräumte Landschaften immer knapper. Nicht zuletzt werden die kleinen Säuger durch giftige Holzanstriche schwer belastet und durch immer mehr künstliche Lichtquellen erheblich gestört.

Ob die Fledermäuse eines Tages noch einmal bessere Zeiten erleben? Dazu brauchen diese stillen Nachtjäger aber vor allem unsere Beachtung und Bewunderung!

Große Hufeisennase bei der Ansitzjagd *(s. S. 24-25)*

Die Große Hufeisennase ist in Deutschland von allen Fledermausarten am stärksten bedroht. Es ist nur noch eine einzige Wochenstube bekannt (im „Fledermaushaus Hohenburg“ in der Oberpfalz, Stand 2025).

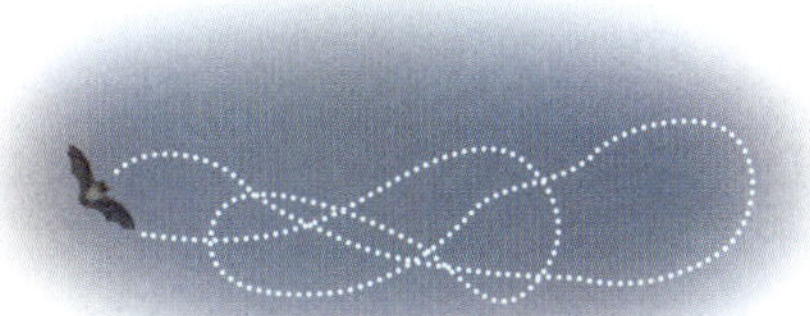

Zwergfledermäuse drehen beim Jagdflug viele Schlaufen.

Mach mit! – Stille Nacht?

Mit einem Bat-Detektor („bat“ ist das englische Wort für Fledermaus) können die Ultraschallrufe der Fledermäuse für unsere Ohren hörbar gemacht werden – ein tolles Erlebnis! Erkundige dich, wo eine Fledermaus-Führung angeboten wird und mache mit!

Mach mit! – Fliegende „Zwerge“

Zwergfledermäuse reagieren weniger empfindlich auf künstliche Lichtquellen als die meisten anderen Fledermäuse. Sie suchen sogar gezielt das Licht der Straßenlampen zum Jagen auf, weil dort viele Insekten herumschwirren. Stelle dich an einem warmen Abend einmal in die Nähe einer Laterne und warte einige Minuten. Flattert eine Fledermaus vorbei? Ist sie sehr klein? Dann könnte es ein „Zwerg“ sein.

Dachs frühmorgens bei seinen Bauarbeiten, die deutliche Spuren hinterlassen

Tierspuren

Viele unserer wild lebenden Tiere, besonders die nachtaktiven, sind scheu und lassen sich nur selten beobachten. Ein kurzes Knacken oder Huschen ist oft alles, was wir wahrnehmen. Aber ihre Spuren zeigen, dass sie da sind, oftmals gar nicht weit von uns entfernt ...

Nahezu überall sind Spuren zu entdecken. Denn zu den Tierspuren zählen nicht nur die Fährten von Hase, Reh oder Fuchs im Boden oder im Schnee, sondern auch Baue und Höhlen, Fraßspuren wie angeknabberte Zapfen und geöffnete Nüsse, Eierschalen, Nester, Federn* und vieles mehr.

Wer solche Spuren lesen kann, findet Zugang zu einer Welt voller Überraschungen und spannender Beobachtungen.

** Eierschalen, Nester und Federn werden im Kapitel „Vögel" behandelt.*

Fuchs auf der Lauer – regungslos und sprungbereit

Tierspuren im Boden

Ein Tag bricht an. Hier und da verkündet ein Rotkehlchen leise das erste Tageslicht, schmettert ein Zaunkönig lebhaft in die Stille des Morgens. Während sich die ausgesprochen nachtaktiven Tiere wie Marder oder Dachs bereits im frühen Morgengrauen wieder in ihre Verstecke zurückgezogen haben, sind einige andere, unter ihnen Füchse, Rehe und Hirsche, noch auf Nahrungssuche, bis auch sie sich mit der aufgehenden Sonne weitgehend unseren Blicken entziehen. Aber auf feuchten, erdigen Wegen hinterlassen sie Spuren, die uns verraten, wer im Schutz der Dunkelheit unterwegs war ...

Auf feuchten, erdigen Waldwegen hat man die besten Chancen, schöne Spuren zu finden.

Fuchsspur

Hundespur

Fuchs oder Hund?

Hundespuren begegnen wir auf Schritt und Tritt. Zum einen, weil es viel mehr Hunde gibt als Füchse, zum anderen, weil Hunde meistens dort laufen, wo auch wir uns bewegen. Aber eine Fuchsspur zu entdecken, das ist schon etwas ganz Besonderes. Doch wie lassen sich beide voneinander unterscheiden?
Wenn die Spur bereits erkennen lässt, dass nur Fuchs oder Hund in Frage kommen, dann sollte man sie zuerst ausmessen: Ist der Abdruck länger als 5 cm, stammt er nicht von einem Fuchs, sondern von einem großen Hund. Ist er aber 4 oder 5 cm lang, könnte er tatsächlich von einem Fuchs sein. Hier hilft der Grashalmtest weiter.

Mach mit! – Der Grashalmtest

Mit diesem Test kannst du erkennen, ob du eine Fuchsspur entdeckt hast:
Lege einen Grashalm genau über den vorderen Rand der Außenzehen der Spur. Wenn nun der Halm die Vorderzehen nicht oder nur knapp berührt, handelt es sich um eine Fuchsspur. Wenn der Halm aber deutlich auf den Vorderzehen liegt, ist die Spur von einem Hund.

Übrigens: Den Fuchs kannst du auch riechen. Er markiert sein Revier mit einem muffig-scharfen Geruch.

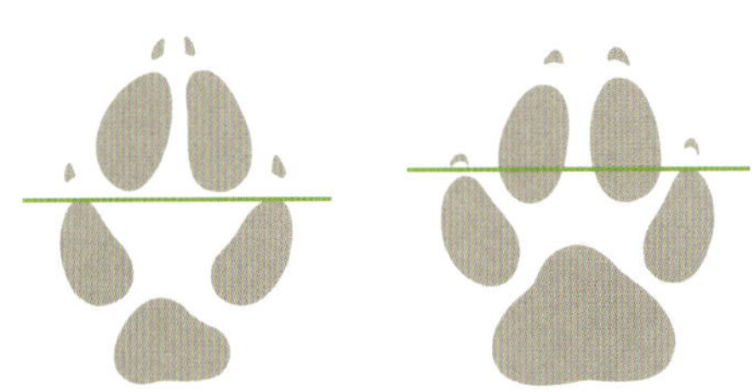

Fuchs Hund

Reh oder Hirsch, Eichhörnchen oder Maus ... ?

Wer sich auf die Suche nach Tierspuren im Boden macht, wird sie finden! Auf Wald- und Feldwegen sind vor allem die Spuren von Rehen häufig zu entdecken. Denn inzwischen leben Rehe nicht mehr nur auf Waldlichtungen und an Waldrändern, sondern auch auf offenen Feldern und Wiesen.

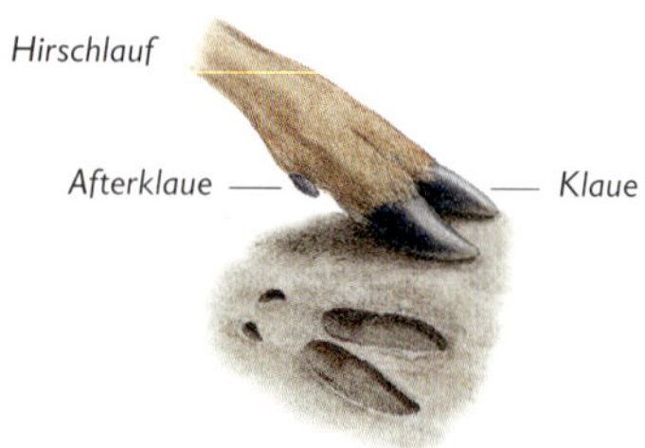

Die Afterklauen von Rehen und Hirschen drücken sich nur beim Springen ab, die Klauen sind dann gespreizt.

Ein einjähriger Rehbock trägt nur zwei einfache Stangen (Spieße) und wird deshalb „Spießer“ genannt. Erst im zweiten Winter wächst ein gabelförmiges Geweih.

Reh

Länge: bis 4 cm
Abdruck der Afterklauen nur im Sprung oder Galopp

Rothirsch

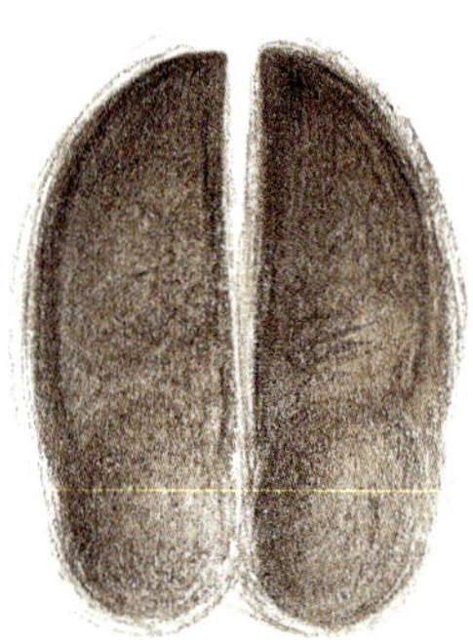

Länge: bis 9 cm
(Hirschkuh bis 7 cm)
Abdruck der Afterklauen nur im Sprung oder Galopp

Wildschwein

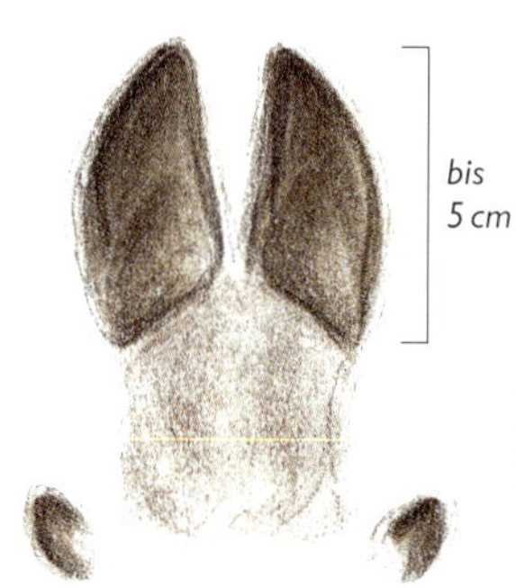

Länge (der Schalen): bis 5 cm
Abdrücke der Afterklauen immer vorhanden; stehen nach außen

Dachs

Länge (ohne Krallen und Ferse): bis 5 cm
Abdruck der Ferse ist selten, Hinterfuß hat kurze Krallen

Fuchs

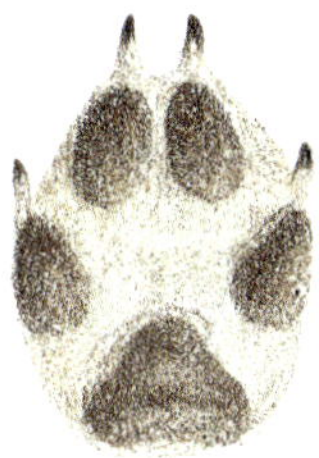

Länge: bis 5 cm
ähnelt der Spur vom Hund,
hat aber mehr Freiraum
in der Mitte

Hund

Größe je nach Rasse
sehr unterschiedlich,
manchmal auch mit langen
Krallenabdrücken
(Spur des Wolfs sehr ähnlich,
8 bis 10 cm lang, s. S. 14)

Wildkatze

Länge: 3,5 bis 4 cm
Spur fast kreisrund,
ohne Krallenabdrücke
(Spur der Hauskatze sehr ähnlich,
aber etwas kleiner)

Igel

Länge Hinterfuß: bis 3,5 cm

Steinmarder

Länge: bis 4 cm
(Spur des Baummarders
sehr ähnlich, aber Ballen
nicht so deutlich)

Eichhörnchen

Länge Hinterfuß: bis 5 cm

Maus

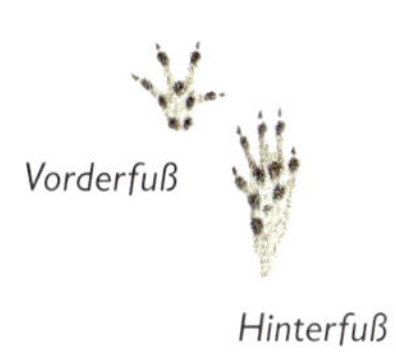

Länge Hinterfuß:
Hausmaus ca. 1,5 cm
Rötelmaus ca. 1,7 cm
Gelbhalsmaus ca. 2,2 cm

Amsel

Länge: ca. 5 cm

Mach mit! – ***Spuren sammeln***

Die schönsten Spuren findest du auf Waldwegen mit feuchten Vertiefungen. Du kannst sie mit Gips ausgießen und dann mit nach Hause nehmen für eine eigene Spurensammlung.

Zum Ausgießen der Spuren stellst du am besten Steckrahmen aus Holzleisten her, die du immer wieder verwenden kannst. Lass dir von Erwachsenen helfen, wenn du es noch nicht allein schaffst.

Befestige die Leiste zum Sägen mit Tischklemmen.

Steckrahmen bauen

Besorge eine Kiefernholz-Leiste (5 mm stark, 4 cm hoch) und säge Brettchen in den Längen wie folgt:

- *vier Brettchen von 11 cm Länge (z. B. für eine Reh- oder Fuchsspur)*
- *je zwei Brettchen von 13 cm und 16 cm Länge (z. B. für eine Wildschweinspur)*

Säge in jedes Brettchen noch zwei 5-6 mm breite und 2 cm hohe Schlitze (2 cm von außen). Fertig!

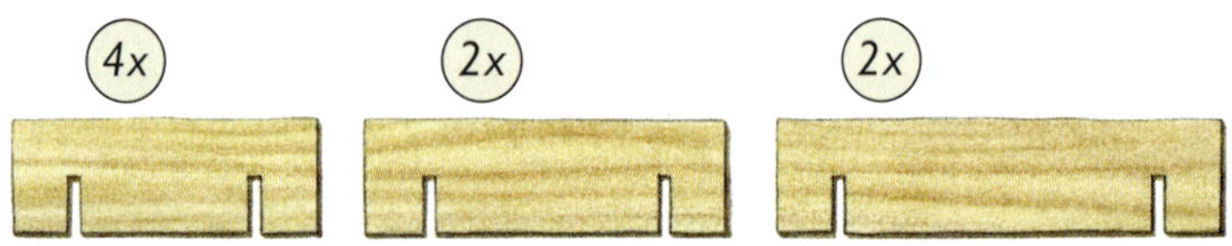

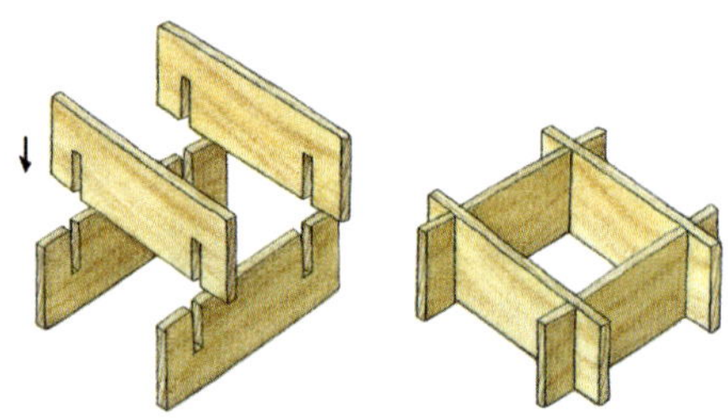

Für einen kleinen Gipsabdruck brauchst du:

- 150 ml Wasser
- 7-8 gehäufte Esslöffel Gips
- einen Gummibecher* oder einen großen Joghurtbecher à 500 g
- einen alten Löffel
- einen Steckrahmen (s. o.)
- ein feuchtes Tuch zum Reinigen der Hände oder Gummihandschuhe (Gips ist leicht ätzend)

So rührst du den Gips an:

Fülle das gesamte Wasser in den Becher und gib dann den Gips Esslöffel für Esslöffel hinzu.

Rühre erst zum Schluss um, wenn das Wasser den Gips nur noch langsam „verschluckt“ und ein kleiner „Gipsberg“ aus dem Wasser hervorsteht.

Fertigen Gips schnell verarbeiten!

** Gummibecher sind in Baumärkten erhältlich (praktisch, weil sich die Gipsreste leicht lösen lassen und der Becher immer wieder verwendbar ist).*

Einen Gipsabdruck herstellen

1

Entferne zunächst loses Material aus der Spur. Drücke dann den Rahmen fest über sie. Verstopfe undichte Stellen von außen mit Erde.

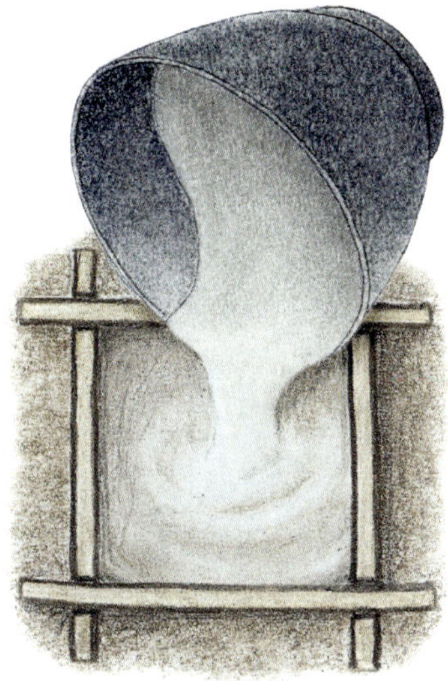

2

Rühre einen pfannkuchenteigflüssigen Gips an (siehe Anleitung) und gieße ihn sofort in die Form.

3

Nach etwa 15 Minuten kannst du mit einem spitzen Stöckchen oder einer Feder den Namen des Tieres, das Datum und deinen Namen in den noch feuchten Gips einritzen.

Ein Meisterdetektiv lässt den Wald natürlich sauber zurück!

4

Nach etwa einer halben Stunde darfst du den Rahmen vorsichtig hochheben. Wie ist der Abdruck gelungen?

5

Wenn der Gips ganz getrocknet ist, wird der Block mit Wasser gereinigt. Besonders schön zu erkennen ist die Spur, wenn du sie anmalst.

Wer ist hier den Hügel hinuntergelaufen – oder hinauf?

Tierspuren im Schnee

Wenn es geschneit hat, lassen Spuren im Schnee nicht lange auf sich warten. Die weite Winterlandschaft öffnet uns die Augen für ganz neue, eindrucksvolle Entdeckungen: Hasen, Rehe, Fuchs oder Steinmarder waren hier, und nun erhalten wir einen Einblick in ihre nächtlichen Streifzüge und Wege, die uns ohne Schnee verborgen bleiben würden. Eine spannende weiße Welt!

Feldhasen und Wildkaninchen setzen ihre Hinterläufe vor den Vorderfüßen auf.

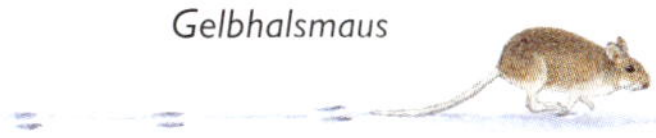

Gelbhalsmaus

Mäuse springen oft wie Kängurus auf zwei Beinen. Unsere größte heimische Waldmaus, die Gelbhalsmaus, hüpft mit bis zu einem Meter weiten Sprüngen.

Rebhuhn

Rebhühner leben im Winter in kleinen, wachsamen Völkern. Die vielen dicht nebeneinander liegenden Geläufe sind im Schnee gut zu erkennen.

Eichhörnchen sind im Winter nur bei trockenem Wetter auf Nahrungssuche. Ihre Spuren beginnen und enden meistens an einem Baumstamm.

Hermelin

Steinmarder

Steinmarder, Hermelin und andere Arten aus der Marderfamilie bewegen sich vor allem springend.

Der trabende Fuchs setzt den Hinterfuß genau in die Spur des Vorderfußes, sodass die Spur von Weitem an eine Schnur erinnert. Deshalb sagt man vom Fuchs, dass er „schnürt".

Wildschweine sind meistens nicht allein, sondern als Rotte unterwegs und hinterlassen beim Suchen nach Nahrung großflächige Wühlspuren.

Schon gewusst?

Ein flüchtendes Reh kann bis zu 4 m weit springen, ein Hirsch bis zu 7 m weit!

Auffallend an der Spur eines ruhig ziehenden Rehs sind die Schleifspuren zwischen den Fußabdrücken.

Mach mit! – Einer Schneespur folgen

Folge einer Spur einige Meter weit. Vielleicht erkennst du, ob das Tier ruhig vorwärts ging, ob es stehen geblieben ist, um etwas zu fressen, ob es umgekehrt ist oder flüchten musste.

Wenn die Spur plötzlich endet, könnte das Tier seinen Weg unter der Schneedecke fortgesetzt haben (z. B. Maus oder Hermelin), auf einen Baum geklettert sein (z. B. Eichhörnchen oder Marder) oder mit Riesensprüngen das Weite gesucht haben (z. B. Hase oder Reh).

Fuchs

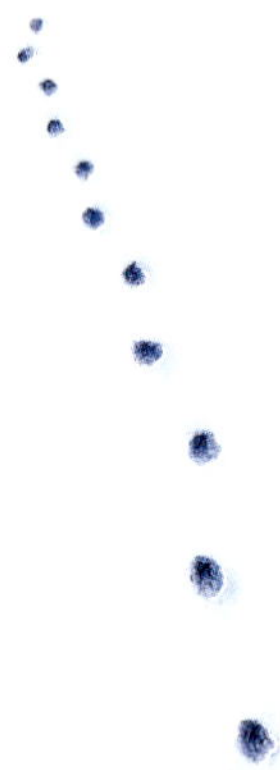

Der trabende Fuchs setzt den Hinterfuß genau in die Spur des Vorderfußes, sodass die Schneespur von Weitem an eine Schnur erinnert: Der Fuchs „schnürt".

Katze

Ähnlich wie der Fuchs setzt die Katze beim Gehen den Hinterfuß in die Spur des Vorderfußes und hinterlässt dabei eine schnurförmige Spurenbahn.

Steinmarder

Vom Marder sieht man im Schnee meistens die abgebildeten Zweisprünge, bei denen die Hinterfüße nebeneinander in die Spuren der Vorderfüße gesetzt werden.

Dachs

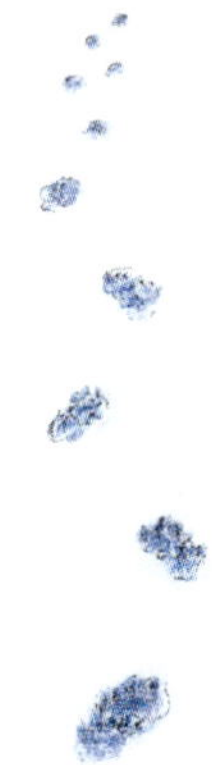

Weil der Dachs relativ kurze Beine hat, schleift er bei höherer Schneelage mit seinem Bauch über den Schnee, sodass nach einigen Tagen eine Spurrinne entsteht.

Reh

Auffallend an der Spur eines ruhig ziehenden Rehs sind die Schleifspuren zwischen den Fußabdrücken. Sie entstehen dadurch, dass der Fuß durch den Schnee gezogen wird.

Feldhase

Hasen und Kaninchen setzen beim schnellen Laufen ihre Hinterläufe vor den Vorderfüßen auf. Die Spuren von Kaninchen sind kleiner und die Abstände zwischen den Spurengruppen kürzer.

Eichhörnchen

Eichhörnchen bewegen sich am Boden meistens springend. Wie Hasen setzen sie dabei ihre Hinterfüße vor den Vorderfüßen auf. Die Spur beginnt und endet oft an einem Baum.

Maus

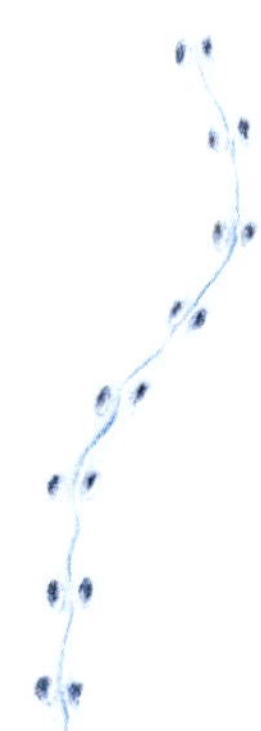

Bei Schnee sind die Sprungspuren von Mäusen häufig zu sehen. Ein gutes Erkennungszeichen ist die Schleifspur des Schwanzes zwischen den Pfotenabdrücken.

Rabenkrähe

Wenn ein Vogel von einer Schneedecke abfliegt, hinterlässt er oft eindrucksvolle Abdrücke. Es ist spannend zu erkunden, was der Vogel – hier war es eine Rabenkrähe – an dieser Stelle wohl wollte: Vielleicht hat die Krähe etwas Essbares von der Schneedecke geholt? Oder, so neugierig wie Krähen sind, etwas zum Spielen entdeckt?

Feldhase

Steinmarder

Die Abbildungen auf Seite 38 zeigen einige typische Schneespuren. Weil sich ein Tier aber nicht ständig in der gleichen Weise bewegt, sondern mal geht, mal läuft, dann springt, flüchtet oder jagt, können die Spuren auch anders aussehen. So wird ein Spurenleser immer wieder auf die Probe gestellt. In schwierigen Fällen sucht man am besten nach einem einzelnen, deutlichen Abdruck (vgl. Erdspuren Seite 32-33).

Hasenspur auf vereistem Schnee

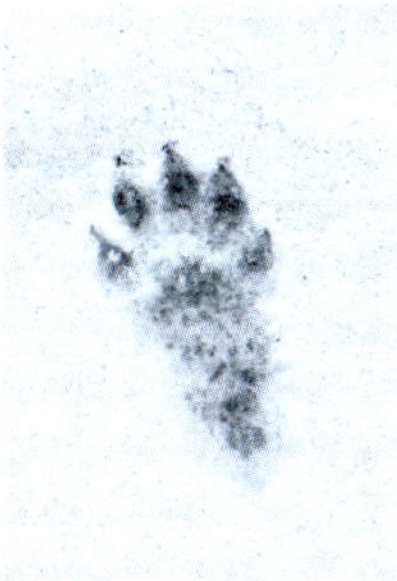

Spur des Steinmarders auf dünner Schneedecke

Mach mit! – Schnüren wie ein Fuchs

Versuche einmal nachzuahmen, wie ein Tier, dessen Spur du gefunden hast, sich fortbewegt. Nimm die Hände zu Hilfe, wenn das Tier vier Beine hat!

Was frisst dieses Tier eigentlich jetzt im Winter? Und wo versteckt es sich?

Hasenlosung

Rehknöllchen oder Hasenköttel?

Sehen sie nicht schön aus, die festen, kugeligen und federleichten „Hasenköttel"? Und duften sie nicht zart nach frischem Heu und Sommerwiese? Tatsächlich rümpft kein wahrer Spurensucher die Nase, wenn er auf Losung – so nennt man den Kot bei allen Wildarten – stößt. Denn wer erkennen kann, von welchem Tier die Losung stammt, ob sie alt ist oder frisch, von einem jungen oder ausgewachsenen Tier, der weiß schon nach einem kurzen Blick, welches Tier zu welcher Zeit an dieser Stelle unterwegs war.

Hasenlosung

Die Losung von Pflanzenfressern ist meistens klein und rundlich.

Losung

Hase
etwas abgeplattet, je nach Jahreszeit und Frische auch dunkler

Kaninchen
häufig in großen Ansammlungen, auch dunkler

Maus
ca. 5 mm lang, etwa halb so lang wie bei Ratten

Siebenschläfer
kleine Bröckchen

Fledermaus
ähnlich wie von Mäusen, aber lockerer, oft in großen Mengen unter den Schlafplätzen

Igel
meistens glänzend schwarz, liegt verstreut im Igelrevier

Dachs
ähnlich wie beim Fuchs, wird aber in kleinen Löchern abgelegt

Steinmarder
an einem Ende zugespitzt, riecht sehr unangenehm, in der Nähe von Schlafplätzen große Ansammlung von Losung an bestimmter Stelle

Fuchs
meistens an einem Ende deutlich zugespitzt, oft stark mit Mäusehaaren durchsetzt, liegt zur Reviermarkierung häufig an erhöhter Stelle

Reh
längliche, schwarz-grüne Knöllchen

Hirsch
eichelgroß, im Frühling und Sommer weich und kaum geformt

Wildschwein
klumpig wie beim Hausschwein

Diese Seite zeigt die Losung in natürlicher Größe. Nur beim Wildschwein kann sie auch deutlich größer sein.

Eingänge eines Kaninchenbaus

Welches Tier wohnt hier?

Schnell ist das Rätsel um den Bewohner einer Erdhöhle gelöst, wenn ihre Öffnung die Größe einer Honigmelone hat, in der Nähe noch weitere Höhleneingänge zu finden sind und vor den Eingängen viele runde Losungspillen liegen: Hier leben Wildkaninchen gesellig beisammen.

In der Umgebung von Kaninchenhöhlen findet man häufig große Ansammlungen von Losung.

Wildkaninchen

Wildkaninchen leben in Gruppen zusammen. Ihren Bau graben sie meistens an sonnigen Stellen mit lockerem Boden. Bis zu drei Meter tief liegt eine gemeinsame, geräumige Schlafkammer. Sie ist durch zahlreiche Röhren und mehrere Ein- und Ausgänge zu erreichen. In dem weitläufigen, stockdunklen Labyrinth finden sich die Kaninchen mit ihrem feinen Gehör und Geruchssinn bestens zurecht.

Es gibt auch weich gepolsterte Wurflager, in denen die Jungen geboren und gesäugt werden. Eine solche „Säuglingskammer“ wird aber nur von der Mutter betreten und hat einen eigenen Zugang, der beim Verlassen wieder mit Erde verschlossen wird.

verengter Fluchteingang mit Fallröhre

Kaninchen haben viele Feinde wie Fuchs, Habicht, Bussard, Uhu, Iltis oder Wiesel.

Bei Gefahr trommeln sie blitzschnell mit einem Hinterlauf auf den Boden. Dieses Warnsignal spüren auch die Kaninchen, die sich gerade im Bau befinden.

Wurflager mit eigenem Zugang (die Mutter sucht ihre Jungen, die als Nesthocker nackt und blind geboren werden, nur ein- bis zweimal pro Nacht zum Säugen auf)

große, gemeinsame Wohn- und Schlafkammer

Wenn mehrere Familienbaue nebeneinanderliegen, können in solchen Kolonien über 100 Kaninchen leben.

Hase

Der Hase legt sein Lager nicht nur im Feld an, sondern auch im Wald wie hier neben einem Reisighaufen. Die Sasse liegt immer so, dass der Hase frei abspringen kann.

Hasen bauen keine Höhlen. Stattdessen scharrt der Hase an einer trockenen Stelle eine leichte Mulde (die Sasse) in den Boden, in die er sich mit dem Kopf gegen den Wind hineinduckt. Aus dieser Haltung heraus kann er die Umgebung von allen Seiten wahrnehmen: Mit seinen großen, vorstehenden Augen sieht er fast rundherum, seine gute Nase wittert einen Feind bei günstigem Wind schon von Weitem, und mit seinem ausgezeichneten Gehör kann er auch das leiseste Geräusch hinter seinem Rücken hören, während er selbst kaum zu erkennen ist. Wie gut er in seiner Sasse getarnt ist, „weiß" der Hase. Deshalb springt er, wenn sich jemand nähert, meistens erst im allerletzten Moment blitzschnell auf und flitzt davon.

Junge Hasen sind keine Nesthocker wie kleine Kaninchen, sondern Nestflüchter. Schon kurz nach der Geburt suchen sie sich ein eigenes Versteck. Etwa drei Wochen lang kommt die Hasenmutter nachts zu ihnen, um sie zu säugen.

Ein Hase, der in seinem Lager ruht oder schläft, ist durch seine geduckte Haltung und sein erdfarbenes Fell sehr gut getarnt.

Mach mit! – Wo hockte der Hase?

- Wenn ein Hase plötzlich vor dir aufspringt,
- hat er wahrscheinlich in einer Sasse gehockt.
- Sieh nach, ob du eine fußgroße Mulde im Boden finden kannst. Ist sie noch warm?

Fuchs

Fuchs oder Dachs? Das ist die Frage, wenn man eine Höhle entdeckt, deren Eingang um einiges größer ist als ein Fußball. Eine erste Antwort gibt die ausgeworfene Erde: Wenn sie fächerförmig vor dem Höhleneingang verteilt liegt, ist es ein Fuchsbau, denn der Fuchs scharrt die Erde beim Graben gleichmäßig zu beiden Seiten hin.

Bei einem Fuchsbau liegt die ausgegrabene Erde breit verteilt vor dem Eingangsloch.

Junge Füchse sind verspielt und neugierig, raufen ausgiebig miteinander und trainieren damit für ihr Leben als Jäger.

Füchse wohnen meistens in einem unterirdischen Bau: Eine Hauptröhre führt zu einer großen Wohnkammer, die auch „Kessel“ genannt wird und sich mehrere Meter tief unter der Erde befinden kann. Weitere Röhren, die Fluchtröhren, führen zu Nebenausgängen. Als Behausung werden aber auch Hohlräume unter Wurzeln, Holzstapeln oder Hütten angenommen.

In der Umgebung eines bewohnten Fuchsbaus kann man Beutereste wie Knochen und abgebissene Federn finden. Außerdem liegt in einem Fuchsrevier hier und da ein muffiger Geruch in der Luft, denn Füchse markieren ihr Revier mit Harn und Losung. Zur besseren Duftverteilung bevorzugen sie erhöhte Stellen.

→ *Raubtiere wie Fuchs, Marder und Iltis beißen die Federn von erbeuteten Vögeln ab, Greifvögel rupfen sie aus.*

Um ihr Revier zu markieren, setzen Füchse ihre Losung bevorzugt an erhöhten Stellen ab.

Dachs

Typisch für einen bewohnten Dachsbau ist eine etwa 1 bis 2 m lange Rinne vor der Hauptöffnung. Sie entsteht bei den Bauarbeiten, denn der Dachs räumt die Erde beim Graben mit seinen kräftigen Krallen an den Vorderfüßen Stück für Stück im Rückwärtsgang nach draußen. Diese „Auffahrt“ benutzt der Dachs mit seinem schleppenden Gang immer wieder, wenn er den Bau verlässt oder zum Bau zurückkehrt, sodass sich mit der Zeit eine deutlich ausgetretene Rinne bildet. Auf dem Dachsweg kann Moos, Farnkraut oder Heu liegen, das beim Eintragen verloren gegangen ist. Denn im Gegensatz zum Fuchs polstert der Dachs sein Lager aus.

In der Umgebung eines Dachsbaus sind noch einige weitere „Trampelpfade“ zu erkennen. Und auf Waldschneisen und Wiesen, wo der Dachs mit seiner schlanken Schnauze nach Nahrung gräbt, hinterlässt er zahlreiche faustgroße Löcher, eins neben dem anderen.

In der Nähe eines bewohnten Dachsbaus sind nicht selten abgebissene Pflanzenstängel zu finden: Hier hat sich der Dachs seine Schlafunterlage geholt!

Typisch für einen Dachsbau ist eine deutlich sichtbare Rinne vor dem Eingangsloch.

Dachse laufen in ihrem Revier immer wieder über dieselben Wege. Dadurch entstehen gut sichtbare Pfade.

Die Wohnkammer eines Dachses liegt bis zu 5 m tief unter der Erde! Sie ist weich gepolstert. Zum Dachsbau gehören außer einer großen Eingangsröhre auch noch mehrere kleinere Nebenausgänge und einige senkrechte Luftröhren.

Ein Dachsbau mit frisch ausgeworfener Erde. Die Rinne zum Höhleneingang ist schon zu erkennen. Wie der Fuchs baut auch der Dachs seine Höhle bevorzugt an Waldhängen mit lockerem Boden. Weil die weiblichen Nachkommen oft im Bau ihrer Eltern bleiben, können im Laufe von Jahrzehnten riesige unterirdische „Dachsburgen“ entstehen!

Die Spur eines Dachses sieht ähnlich aus wie die eines Bären. Eine Bärentatze ist aber etwa 4-mal größer! Bild oben: Dachs bei Grabarbeiten am frühen Morgen

Mach mit! – Fuchsbau oder Dachsbau?

Wenn du einen Bau mit einer großen Öffnung findest, musst du Folgendes wissen: Häufig zieht der Fuchs in einen verlassenen oder sogar noch bewohnten großen Dachsbau ein. Dann leben beide zusammen „unter einem Dach“. Ein Fall für aufmerksame Naturdetektive!

Tipp: Ein „ausgetrampelter“ Pfad (Dachs), die Abdrücke der Füße, schwarz-weiße Haare (Dachs), ein scharfer Geruch (Fuchs) oder Beutereste in der Umgebung (Fuchs) sind einige wichtige Beweismittel. Ein Bau ist unbewohnt, wenn Pflanzen im Eingangsloch wachsen oder ein Spinnennetz die Öffnung „verschließt“.

In manche alten, einsam liegenden Fuchs- und Dachsbaue zieht auch der scheue Marderhund ein. Dieser aus Ostasien stammende „Neubürger“ kommt inzwischen in ganz Deutschland vor. Er ähnelt einem Waschbär oder einem dicken Marder, gehört aber zur Familie der Hunde.

Der Vorderfuß hat lange Krallen. Der Abdruck der Ferse fehlt meistens.

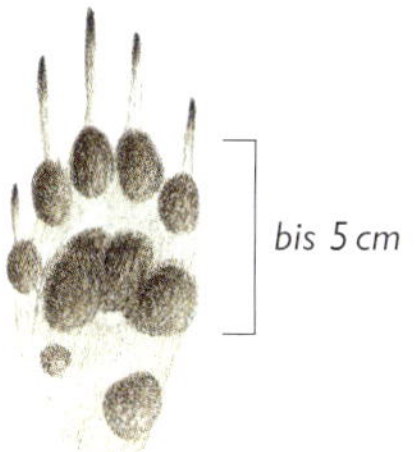

Dachs (Vorderfuß)

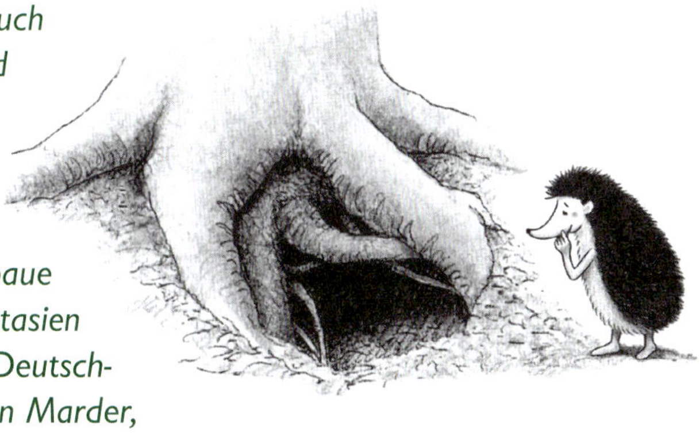

Waldmaus mit Vorratskammer

Mäuse

Ob im Wald, auf der Wiese oder dem Feld: Überall sind kleine, etwa walnussgroße Löcher am Boden zu finden. Hier wohnen Rötelmäuse, Feldmäuse und nicht zuletzt Waldmäuse. Sie alle bauen unter der Erde Gänge mit Nest- und Vorratskammern und zahlreichen Ein- und Ausgängen.

Maulwurf oder Schermaus?

Wenn auf einer Wiese viele Erdhaufen zu sehen sind, wird meistens von „Maulwurfshügeln" gesprochen. Oft steckt aber gar nicht der Maulwurf dahinter, sondern eine Schermaus (s. S. 20). Wenn Pflanzen verwelken und ihre Wurzeln abgenagt wurden, war eine Schermaus am Werk, denn Maulwürfe fressen keine Wurzeln. Aber auch der Hügel selbst kann den Verursacher verraten.

oben: Schermaushügel liegen oft dicht beieinander

unten: freigelegter Ausgang einer Schermaus

Schermaushügel

- *Erdhaufen ist meistens länglich*
- *Loch liegt am Rand (selten außerhalb), ist oft verschlossen*
- *Gang führt meistens schräg nach unten*

Maulwurfshügel

- *Erdhaufen ist meistens kreisrund (wie ein kleiner Vulkan)*
- *Loch liegt in der Mitte*
- *Gang führt senkrecht nach unten*

Mach mit! – Wer hat hier gewühlt?

Willst du herausfinden, ob ein Erdhügel wirklich von einem Maulwurf stammt? Dann nimm ein Brett oder einen Stock und schiebe den frischen Hügel ganz weg. Wenn kein Loch zu sehen ist, stochere mit einem Stock vorsichtig in die freigelegte Fläche. Gefunden? Dann vergleiche mit den Abbildungen.

Biber

Der Biber legt seinen Bau entweder mitten im Wasser an oder gräbt einen Gang in die Uferböschung hinein. Der Eingang liegt zum Schutz vor Feinden immer unter Wasser. Durch eine Röhre tauchend erreicht der geschickte Schwimmer den trockenen Wohnkessel, der mit Zweigen und Schlamm überdacht ist. In der Biberburg ist genug Platz für eine Großfamilie: Hier lebt das Biberpaar mit seinen zwei bis vier Jungen aus dem letzten Wurf, oft sind aber auch noch Jungtiere aus dem Vorjahr geblieben.

Der Biber nagt einen Stamm so weit an, dass der Baum danach vom Wind gefällt werden kann. Je nachdem, wie dick der Baum und wie hart sein Holz ist, schafft er das in nur einer Nacht. Weichhölzer wie Erlen und Weiden werden bevorzugt.

Das Bäumefällen bringt dem zumeist nachtaktiven Nager Baumaterial und Futter zugleich. Er frisst im Sommer vorwiegend Kräuter und Blätter, im Winter hauptsächlich Rinde.

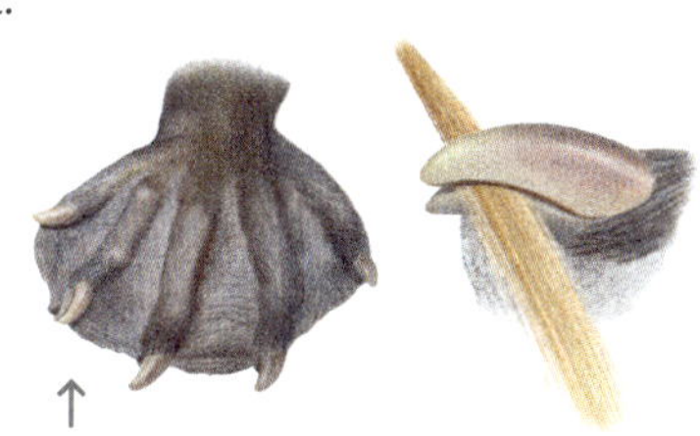

Biber sind großartige Baumeister: Mit Dämmen aus Ästen und Schlamm stauen sie das Wasser an und schaffen somit auch für zahlreiche andere Tiere kleinere und größere Stillgewässer: für Kröten, Frösche und Molche, für Fische und Schlangen, Libellen, Fledermäuse und Vögel ...

Hier ein Biberteich neben einem Wanderweg an einem kleinen Bach in der Eifel.

Sein Fell striegelt der Biber mit einer schnabelartigen „Putzkralle“ am Hinterfuß. Der Pelz hat am Bauch bis zu 23 000 Haare pro cm²!

Eichhörnchen beim Beschnuppern frischer Fichtenzapfen

Wer hat am Zapfen gezupft?

Rund 100 Fichtenzapfen müsste ein Eichhörnchen an einem einzigen Tag abknabbern, um satt zu werden, wenn es keine Nüsse, Knospen, Beeren und Pilze und auch keine Vogeleier, Vogeljunge und Insekten finden würde. Denn von einem Zapfen werden nur die kleinen, unter den festen Schuppen liegenden Samen gefressen. Um an diese Samen zu gelangen, müssen die „Zapfenfresser" zunächst die sperrigen Schuppen entfernen oder lockern. Dabei hinterlassen sie typische Spuren.

Unter den Schuppen eines Fichtenzapfens liegen jeweils zwei geflügelte Samen. Vor allem im Winter sind sie für manche Tiere eine wichtige Nahrungsquelle, weil sie eiweiß- und fettreich sind.

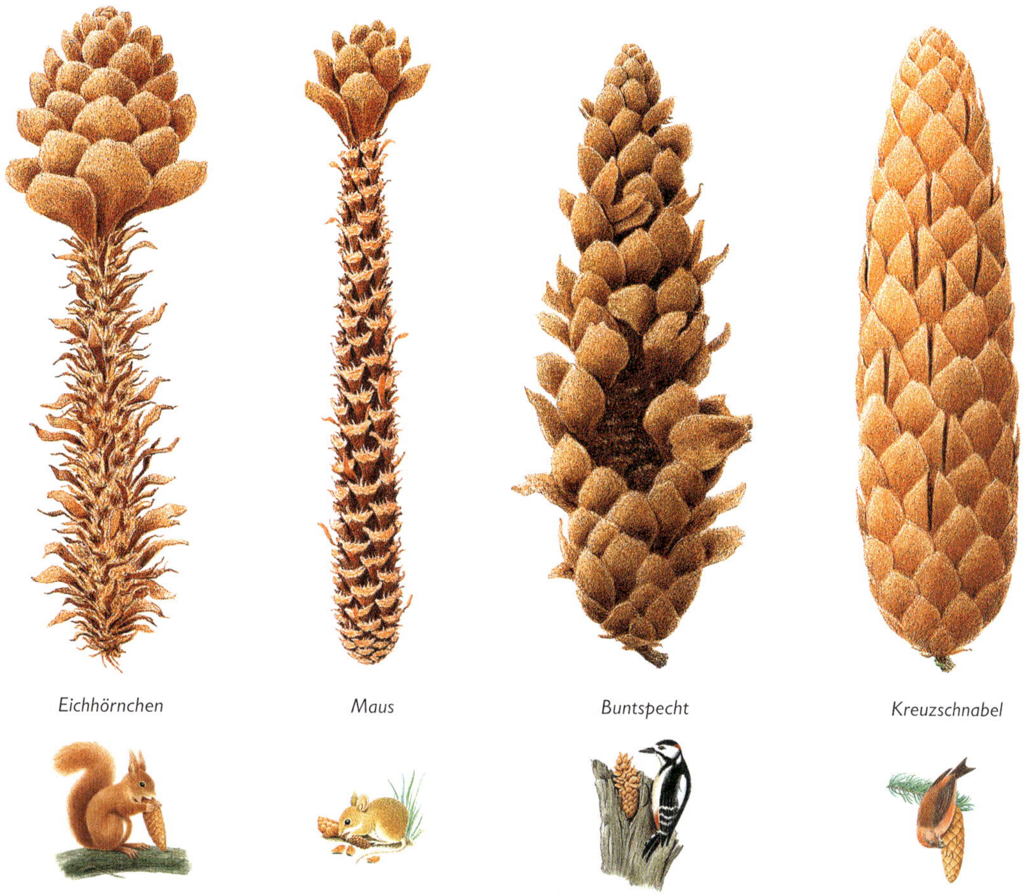

Fraßspuren an Fichtenzapfen

Struppig oder glatt, zerfranst oder geschlitzt sind die Zapfen, an denen Tiere gefressen haben. Am häufigsten entdeckt man die struppigen Zapfen, die von einer Eichhörnchen-Mahlzeit übrig geblieben sind. Sie sind in jedem älteren Fichtenwald zu finden. Oft liegen sie auf Baumstümpfen. Eichhörnchen knabbern aber nicht immer wie im Bilderbuch! Ihre Zapfenreste können manchmal mit „Mäusezapfen“ verwechselt werden.

Mach mit! – Rupfen und zupfen

Versuche einmal mit bloßen Händen an die Samen eines noch festen Fichtenzapfens zu gelangen. Du wirst merken, dass es gar nicht so einfach ist, eine Schuppe hochzuheben oder abzuziehen.

Brich deshalb den Zapfen in zwei Teile. An der Bruchstelle kannst du die Lage der Samen gut erkennen.

„Eichhörnchen-Tisch“

Zum Fressen setzt sich das Eichhörnchen gerne auf einen Ast oder Baumstumpf. Von dieser erhöhten Stelle aus hat es einen besseren Überblick und kann einen nahenden Feind wie Fuchs oder Habicht früher erkennen.

Eichhörnchen

Das Eichhörnchen zupft und knabbert die Schuppen in der Regel so ab, dass der Zapfen nach der Mahlzeit zerfranst aussieht. Manchmal bleibt auch nur noch eine dünne, struppige Achse zurück.

Maus

Im Gegensatz zum Eichhörnchen nagt eine Maus die Schuppen säuberlich ab. Auch die untersten Schuppen werden meistens rundherum abgebissen. Dadurch erhält der Zapfen ein gleichmäßig abgerundetes Ende.

Buntspecht

Der Buntspecht keilt den Zapfen mit der Spitze nach oben in eine Spalte und hackt dann hinein. Sein Arbeitsplatz wird Schmiede *genannt. Eine gute Schmiede wird viele Male hintereinander benutzt. Dann ist am Boden eine ganze Ansammlung von bearbeiteten Zapfen zu finden.*

Spechtschmiede

Fichten-
kreuzschnabel

Fichtensamen

Fichte

Hoch oben in den Baumspitzen turnen die Kreuzschnäbel geschickt wie Papageien von Zapfen zu Zapfen. An ihren lauten „Gip-gip"-Rufen sind sie gut zu erkennen.

Wo Kreuzschnäbel fressen, fallen auch Zapfen auf den Boden. Manche von ihnen zeigen nicht nur die typischen Schlitze, sondern sind auch ziemlich zerzaust.

Kreuzschnabel

Der Fichtenkreuzschnabel ernährt sich fast ausschließlich von Fichten- und Kiefernsamen. Mit seinem gekreuzten Schnabel kann er die Zapfenschuppen leicht auseinanderspreizen und die Samen darunter hervorholen. Dabei werden die Schuppen teilweise aufgeschlitzt.

Kreuzschnäbel sind „Wandervögel":
In großen Scharen ziehen sie auf der Suche nach samenreichen Wäldern von einem Waldgebiet ins nächste.

Fichtenzapfen mit aufgeschlitzten Schuppen

Fichtenkreuzschnäbel, Spechte, Eichhörnchen und Mäuse schaffen es sogar, die besonders harten Kiefernzapfen zu öffnen.
Auf diese Zapfen hat sich aber vor allem der seltenere Kiefernkreuzschnabel spezialisiert.

Kiefernzapfen

Insektenlarven

Brüchige Zapfen mit Schuppen, in denen stecknadelkopfgroße Löcher sind, verraten, dass sich Insektenlarven im Zapfen entwickelt haben.

Mach mit! – Fichtensamen fliegen lassen

Weißt du, warum ein Samen geflügelt ist? Nimm einen Fichtensamen, klettere auf eine erhöhte Stelle und lasse ihn los. Du wirst beobachten, dass er leicht schräg auf den Boden trudelt. Dadurch landet er nicht direkt unter dir.

So soll auch beim natürlichen Samenflug erreicht werden, dass ein Samen erst ein Stück vom Mutterbaum entfernt auf den Boden fällt, weil dort die Chance auf Platz und Licht größer ist.

Brandmaus mit dicker Haselnuss: jetzt nur noch wegschleppen …

Wer knackt die Nuss?

Nüsse sind besonders reich an Fett und Eiweiß und deshalb bei vielen Tieren begehrt. Neben Eicheln, Kastanien und Bucheckern – sie alle gehören zu den Nüssen – werden vor allem Haselnüsse gerne gefressen. Aber ihre Schale ist dick, hart und glatt und macht es den Tieren nicht gerade leicht, an den gehaltvollen und schmackhaften Kern zu gelangen. So haben Eichhörnchen, Haselmaus, Mäuse und Vögel verschiedene Techniken entwickelt, um die Nüsse zu öffnen.

Fraßplatz einer Maus am Stamm eines alten Haselnussbaums

Von verschiedenen Tieren bearbeitete Haselnüsse

Spuren an Haselnüssen sind vor allem vom Herbst bis zum Frühling überall dort zu finden, wo Früchte tragende Haselsträucher wachsen: in Gärten und Parkanlagen, an Feldwegen und Waldrändern. Besonders häufig sind die Nagespuren von Mäusen und Eichhörnchen.

Mit ihren messerscharfen Schneidezähnen gelingt es den kleinen Nagetieren, die harten Nussschalen aufzunagen.

Gelbhalsmaus

Mäuse

Mäuse nagen ein rundliches Loch in die Schale und hinterlassen am Öffnungsrand senkrechte Nagespuren.

Haselmaus

Blatt der Haselnuss

Haselmaus

Die viel seltenere Haselmaus ist keine Maus, sondern ein Bilch (s. S. 19). Haselnüsse sind ihre Lieblingsnahrung (Name!). Wie eine Maus raspelt auch sie ein rundes Loch in die Nuss. Hier liegen die Nagespuren aber längs zum Öffnungsrand.

Mach mit! – Der Haselmaus auf der Spur

Sie steht erst in der Dunkelheit auf und turnt ganz flink und heimlich durch Hecken und Gebüsch. Deshalb wissen die wenigsten Menschen, ob in ihrer Nähe eine Haselmaus lebt. Aber wenn du eine Haselnuss mit rundem Loch und längs zum Öffnungsrand liegenden Nagespuren findest, dann ist das ein eindeutiger Beweis für ihr Vorkommen. Eine spannende Entdeckung!

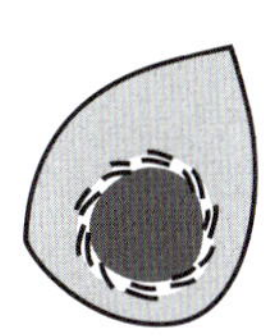

Das Eichhörnchen raspelt zunächst die Spitze der Nuss ab, bis ein kleiner Spalt entsteht.

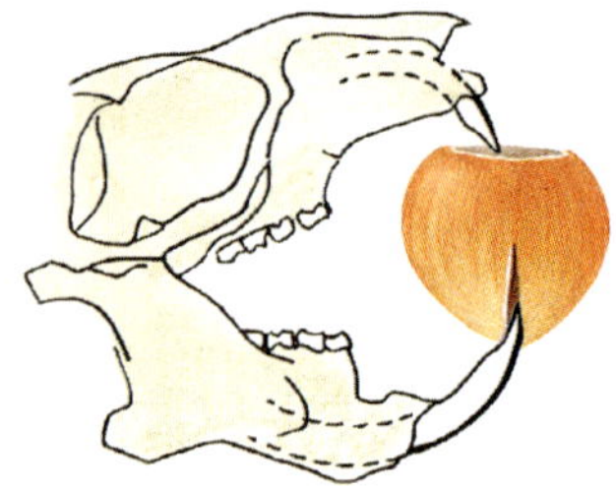

Nun steckt es die unteren Nagezähne in den Spalt und kann dann mit gleichzeitigem Druck von oben die Schale knacken.

Die Schale wird dabei nahezu glatt halbiert.

Eichhörnchen

Eichhörnchen wählen in der Regel nicht die großen, gezüchteten Haselnüsse, sondern die kleineren Wildformen, die sie mit ihrem Mäulchen besser packen und transportieren können.

Spuren eines jungen Eichhörnchens

Ein junges Eichhörnchen muss erst lernen, die Nuss an der richtigen Stelle anzuknabbern. Seine Unerfahrenheit ist an den vielen hellen Nagespuren deutlich zu erkennen.

Haselnussbohrer

Der Haselnussbohrer nagt mit den Mundwerkzeugen an der Spitze seines langen „Rüssels“ ein Loch in die junge, noch weiche Nuss und legt ein Ei hinein. Das Loch wächst wieder zu.

Die aus dem Ei schlüpfende Larve frisst den Nusskern auf und knabbert sich im Herbst durch die inzwischen hart gewordene Schale nach draußen. Zurück bleibt eine „taube“ Nuss mit einem kleinen, kreisrunden Loch.

Die Larve kriecht in den Boden und entwickelt sich bis zum nächsten Frühjahr über eine Puppe zum Käfer.

Vögel

Kleiber und Buntspecht klemmen die Nüsse in eine Spalte, die sogenannte Schmiede, und hacken sie dann auf.

Der Buntspecht benutzt seine Schmiede – wie auch beim Bearbeiten von Zapfen – viele Male, sodass auf dem Boden einige Schalenreste zu finden sind. Der Kleiber aber sucht sich für jede Nuss immer wieder eine neue Spalte.

Spechtschmiede

Kleiberschmiede

Schnabelmarke und aufgehackte Nuss des Buntspechts (er kann Nüsse auch spalten)

Mach mit! – Nüsse knacken ohne Knacker

Raspele zunächst mit einer Feile oder einem Taschenmesser an der Spitze einer Haselnuss ein Stückchen ab. Bald siehst du einen schmalen Spalt. Wenn du nun einen kleinen Schraubenzieher in den Spalt steckst und ihn hin- und herbewegst, kannst du die Nuss halbieren wie ein pfiffiges Eichhörnchen.

Mach mit! – Kleiberschmieden suchen

Kleiberschmiede mit halbiertem Hainbuchensamen

Untersuche einmal den gefurchten Stamm einer dicken alten Eiche.

Wenn du mehrere eingeklemmte und aufgehackte Bucheckern und Hainbuchenfrüchte, Eicheln, Kirschkerne oder Haselnüsse findest, war dort ein Kleiber am Werk.

Rotmilan im Spähflug

Vögel

Fliegen zu können ist ein uralter Traum der Menschen und vielleicht ein Grund dafür, warum unsere Augen dem schwerelosen Segeln eines Greifvogels oft lange und sehnsüchtig folgen.

So wie uns ein Rotmilan durch seine Größe und seinen eleganten Flug begeistert, bezaubern uns Singvögel durch ihre Zartheit und ihren Gesang, der uns im Alltag in vielfältiger Weise begleitet: vom mehrstimmigen Konzert an einem Frühlingsmorgen bis zum melodischen Flöten einer Amsel in der Abenddämmerung.

Im März und April singen Rotkehlchen besonders intensiv: „Twiddelidiii …“

Dem Gesang der Vögel lauschen

Weich, perlend und verträumt singt das Rotkehlchen. Oft ist es auch noch in der letzten Abenddämmerung zu hören, wenn alle anderen Singvögel schon ihren Schlafplatz aufgesucht haben und Stille eingetreten ist. Dann klingt sein sanfter, ruhig vorgetragener Gesang fast wehmütig wie ein Abendlied, das von Sehnsucht und Vergangenheit erzählt.

Besonders intensiv singen Rotkehlchen im März und April. Nach dem Sommer ist ihr Gesang noch bis in den späten Herbst hinein zu hören, dann aber seltener und leiser. Im November gehört das Rotkehlchenlied zu den letzten Vogelgesängen des Jahres.

So manchen Vogel würden wir gar nicht bemerken, wenn er nicht durch seinen Gesang auf sich aufmerksam machte. Singvögel kennenlernen heißt deshalb nicht nur hinsehen, sondern vor allem auch hinhören.

Das Rotkehlchen ist trotz seiner orangen Kehle im Geäst manchmal kaum zu erkennen. Wer aber seinem Gesang folgt, wird es finden ...

Warum singen Vögel?

Wenn wir einen Vogel singen hören, ist es fast immer ein Männchen. Bei einigen Vogelarten – hierzu gehört z. B. das Rotkehlchen – können zwar auch die Weibchen singen. Das tun sie aber viel seltener (meistens nur im Herbst), viel zaghafter und weniger vollkommen.

Wo gegraben wird, lockt Futter! Rotkehlchen fressen Insekten und deren Larven, Regenwürmer, Spinnen und ab dem Sommer auch Früchte wie Vogelbeeren und Holunderbeeren.

Mit seinem Gesang gibt ein Vogel-Männchen sein Revier bekannt. „Weg hier, das ist mein Revier“, will es also einem anderen Männchen derselben Art sagen. Diese Verteidigung ist wichtig, denn schließlich geht es darum, die besten Nistplätze, genügend Nahrung und gute Schlafplätze für die eigene Familie zu sichern. Ein Eindringling wird notfalls auch durch Verfolgung verjagt, manchmal sogar angegriffen. Singend versucht ein Männchen aber auch ein Weibchen anzulocken. Dann bedeutet sein Gesang: „Hier bin ich, wo bist du?“

Ein Rotkehlchenrevier ist manchmal etwa halb so groß wie ein Sportplatz, manchmal aber auch nur so groß wie zwei Klassenzimmer. Die Größe hängt davon ab, wie viel Nahrung und Schutz das Gebiet bietet. Seine Grenzen können Wege, Hecken, Büsche, Bäche oder auch Mauern sein.

Die Reviergröße ist von einer Vogelart zur anderen verschieden. Viele Vögel verlassen ihr Revier während der Brutzeit nicht.

Bekannte Singvögel in Gärten, Parks und Wäldern

Wer Vögel kennenlernen will, beginnt am besten schon früh im Jahr, wenn die Anzahl der Sänger noch überschaubar ist. Denn von den Vogelarten, die im Winter bei uns bleiben, singen anfangs nur wenige wie Meisen und Amseln. Erst nach und nach kommen weitere Vogelstimmen und schließlich auch die Gesänge der Zugvögel hinzu, bis dann im Mai ein vielstimmiges Konzert zu hören ist. Zum Jahresbeginn sind außerdem die Bäume noch nicht belaubt, sodass es viel leichter ist, einen singenden Vogel auch zu beobachten. Die meisten heimischen Singvogelarten brüten bis zum Sommer zweimal. Wenn im Juli die Zeit der Jungenaufzucht zu Ende geht und keine Brutreviere mehr zu verteidigen sind, klingt auch der Gesang ab.

Blaumeise
Familie: Meisen

Gesang: zart, auf zwei bis drei hohe Töne folgt ein etwas tiefer liegender Triller: „Zie-zie-düdüdüdüdü", meistens aus den Baumkronen heraus

Die quirligen Blaumeisen turnen auf der Suche nach Nahrung geschickt in den Baumkronen herum. Dabei hängen sie oft auch kopfunter an den äußersten feinen Zweigen.

Kopf schwarz wie Kohle (Name!)

Kohlmeise
Familie: Meisen

Gesang: sehr vielfältig, oft ein lautes, metallisch klingendes „Tita-tita-tita", einer der auffälligsten Gesänge im Vorfrühling

Wie die Blaumeise sucht auch die Kohlmeise ihr Futter vor allem in Bäumen. Sie bevorzugt aber die stärkeren Zweige und landet auch immer wieder einmal auf dem Boden.

Alle heimischen Meisenarten sind Höhlenbrüter. Sie bauen ihre Nester in Baumhöhlen und Mauerlöchern, aber auch in Nistkästen und anderen nicht natürlichen Höhlen, wie diese Blaumeise im Rahmen eines Gartentors.

bewegliche Federhaube

Haubenmeise
Familie: Meisen

Gesang: ein mehrfach wiederholtes „Zizi-zwürrr", am gerollten „Zwürrr" gut von anderen Meisen zu unterscheiden

→ weißer Nackenfleck

Tannenmeise
Familie: Meisen

Gesang: klingt wie eine Handsäge: „Wize-wize-wize"

Sumpfmeise
Familie: Meisen

Gesang: schnelle Folge von weichen Schlägen: „Zjezjezjezjezjezjezje", als Ruf ein lautes „Pistjäh" oder „Pistjäh-dädädä" (vgl. Weidenmeise)

Sehr ähnlich sieht die seltenere Weidenmeise aus. Sie ist durch ein breites „Däääh-däääh" in ihrem Ruf zu erkennen.

Der Zaunkönig singt meistens von einer freien Stelle aus, oft in Zaunhöhe (Name!).

Zaunkönig

Zaunkönig

Familie: Zaunkönige

Gesang: ein lautes Schmettern, erstaunlich kräftig für einen so kleinen Vogel

Nistplatz: in dichten Kletterpflanzen, Wurzeltellern, Mauerlöchern ...; das Männchen baut mehrere kugelige Nester, wovon das Weibchen das beste auswählt

Bei der Balz oder bei Gefahr können Goldhähnchen ihre Scheitelfedern zu einem leuchtenden „Krönchen" aufrichten, was an den Kamm eines Hahns erinnert (Name!)

Goldhähnchen sind die leisesten Sänger und die kleinsten Vögel Europas. Sie wiegen nur so viel wie zwei Zuckerwürfel (5 g).

← dunkler Augenstreif und weißer Überaugenstreif

Sommergoldhähnchen

Wintergoldhähnchen

Sommergoldhähnchen

Familie: Goldhähnchen

Gesang: sehr hoch und leise, in gleichbleibender Tonhöhe, zum Schluss hin dichter und lauter: „Si-si-si-si-si-si-sissssss"

Wintergoldhähnchen

Familie: Goldhähnchen

Gesang: sehr hoch und fein, im Unterschied zum Sommergoldhähnchen leicht aufsteigend und wieder abfallend: „Si-sü-si-sü-si-sü" (Merke: auf und ab wie beim „W" von „Winter")

Nistplatz: Goldhähnchen-Nester hängen in dichten Zweigen von Nadelbäumen

Wintergoldhähnchen leben fast ausschließlich in Nadelbäumen.

Der Name „Mönch" bezieht sich auf die schwarze Kopfplatte des Männchens.

♂

♀

Mönchsgrasmücken sind nur ganz selten am Boden zu sehen. Sogar beim Singen bleiben sie meistens im dichten Gebüsch oder im Laub der Bäume versteckt.

Mönchsgrasmücke

Familie: Grasmückenartige

Gesang: ein lautes, sehr melodisches Flöten

Nistplatz: in dichten Hecken und Beerensträuchern, in Brennnesselgestrüpp oder jungen Fichten

♂ = Männchen
♀ = Weibchen

Wie die beiden Goldhähnchen-Arten sind auch Zilpzalp und Fitis sehr ähnlich aussehende Zwillingsarten. Durch ihren Gesang sind sie aber unverwechselbar.

Zilpzalp

Familie: Laubsängerartige

Gesang: ein einförmiges, auf und ab pendelndes „Zilp-zalp-zilp-zalp"

Nistplatz: gut versteckt in Bodennähe, z. B. unter Grasbüscheln

Obwohl der Zilpzalp in jedem unterholzreichen Park und Stadtwald vorkommt, kennen viele ihn nicht. Dabei ruft er unermüdlich seinen Namen, bevorzugt von hohen Baumkronen aus.

Fitis

Familie: Laubsängerartige

Gesang: Tonfolge ähnlich wie beim Buchfink, aber viel weicher und leiser, bleibt zum Schluss hin abfallend, deshalb wird der Fitis auch „trauriger Buchfink" genannt; die ersten Töne klingen wie „Fit-fit ..." (Name!)

Nistplatz: versteckt am Boden in buschigem Gelände

Die Nachtigall singt aus dem dichten Gebüsch heraus, vor allem bei Tagesanbruch und in der Abenddämmerung, manchmal auch nachts (Name!).

Nachtigall
Familie: Fliegenschnäpper

Gesang: sehr klangvoll und abwechslungsreich, besonders schön sind leise beginnende Flötentöne, die von Ton zu Ton lauter werden: „Tüh-tüh-tüh-tüh-tüh …“

Nistplatz: bodennah in dichtem Gebüsch oder in Wallhecken

Das Rotkehlchen lässt sich häufig auf Wegen beim Aufpicken von Nahrung beobachten. Auffallend ist sein Knicksen.

Rotkehlchen
Familie: Fliegenschnäpper

Gesang: wie „Twiddelidiii …“, weich und perlend mit Einschüben, die an das Quietschen eines Korkens in einer Weinflasche erinnern

Nistplatz: meistens am Boden oder in Bodennähe an unaufgeräumten Stellen, mit „Dach über dem Kopf“, also z. B. in ausgefaulten Baumstümpfen oder unter Wurzeln

Der Hausrotschwanz beginnt schon sehr früh in der Morgendämmerung mit dem Singen, meistens sitzt er dabei auf einem Dachfirst oder einer Antenne.

♂

Hausrotschwanz

♀

Hausrotschwanz

Hausrotschwanz
Familie: Fliegenschnäpper

Gesang: ein eher rau klingendes Lied durch auffallend kratzige, knirschende Laute im Mittelteil

Nistplatz: in Mauerlöchern und anderen Halbhöhlen, auf überdachten Balken …

Fliegenschnäpper sitzen oft auf Zäunen oder Dachkanten und schnappen von dort aus fliegend nach Insekten (Name!).

Viel seltener als der Hausrotschwanz ist der Gartenrotschwanz, dessen Männchen eine rostrote Brust trägt.

♂

Gartenrotschwanz

Ihre Nahrung nimmt die Heckenbraunelle eilig hüpfend vom Boden auf, aber zum Singen wählt sie gerne eine Baumspitze.

Anders als der ebenfalls braun gefiederte Spatz hat die Heckenbraunelle einen spitzen und feinen Schnabel und einen grauen Kopf.

Heckenbraunelle
Familie: Braunellen

Gesang: viele hohe, eilig gezwitscherte Töne auf gleicher Tonhöhe, zwischen den Gesängen ist jeweils für einige Sekunden Pause

Nistplatz: in dichten Büschen, Kletterpflanzen und Hecken (Name!)

♂ = Männchen
♀ = Weibchen

Drosselschmiede

Die Singdrossel frisst mit Vorliebe Bänderschnecken. Sie schlägt das Schneckenhaus so lange gegen einen Stein, bis es zerbricht. Ein passender Stein wird viele Male benutzt.

Singdrossel

Die Färbung in Türkis mit einigen schwarzen Tupfen macht die Eier der Singdrossel unverwechselbar.

Singdrossel

Familie: Drosseln

Gesang: auffallend laut, besteht aus mehreren Motiven, die wiederholt werden, z. B. „Philipp-philipp-philipp“ oder „Dü-dü-dü, oft auch noch in der Abenddämmerung

Nistplatz: in Hecken und Bäumen, oft in jungen Nadelbäumen

Die Singdrossel singt gerne von einem freien Platz aus den Baumkronen heraus.

Die Misteldrossel ist die größte heimische Drossel. Sie brütet oft schon im März.

Misteldrossel

Familie: Drosseln

Gesang: flötend wie eine Amsel, aber mit kürzeren Motiven, klingt schwermütiger als Amselgesang

Nistplatz: in Stammnähe in Astgabeln hoher Bäume, oft in Obstbäumen

Amsel ♀

In Dörfern und Städten flötet die Amsel meistens von einem Kamin oder Dachgiebel aus, denn sie liebt hoch gelegene Singplätze mit freier Aussicht.

Für viele Menschen ist der Amselgesang der bekannteste und schönste aller Vogelgesänge.

Amsel ♂

Amsel

Familie: Drosseln

Gesang: ein volles, melodisches, sehr abwechslungsreiches Flöten

Nistplatz: in Hecken, Bäumen und Fassadenbegrünungen, in Gartenhäuschen, Schuppen …

Typisch für Finken ist ein wellenförmiger Flug. Der Stieglitz fliegt auffallend hüpfend und hastig, dabei ruft er häufig „Stiglitt“.

Finken zeigen auffallende Gemeinsamkeiten: Es sind Vögel mit buntem Gefieder (Weibchen meistens blasser) und kräftigem Schnabel, wie er für Körnerfresser typisch ist. Zu ihrer Nahrung gehören vor allem die Samen von Bäumen und Kräutern.

Außerhalb der Brutzeit streifen Finken in mehr oder weniger großen Trupps umher.

Birke

Löwenzahn

Distel

Seine Vorliebe für Distelsamen gab ihm den Namen „Distelfink“, sein Ruf „Stiglitt“ den Namen „Stieglitz“.

Stieglitz-Nest

Stieglitz *(Distelfink)*

Familie: Finken

Gesang: ein schnell vorgetragenes, „fröhliches“ Klingeln und Zwitschern mit eingefügten „Stiglitt“-Rufen (Name!)

Nistplatz: auf dicht belaubten Außenzweigen von Obst- und Alleebäumen

Fichte

Hoch oben in den Baumspitzen turnen die Kreuzschnäbel geschickt wie Papageien von Zapfen zu Zapfen.

♂

Fichtensamen

♀

Der Gimpel heißt wegen der schwarzen Kopfkappe und der rosaroten Brust des Männchens auch Dompfaff.

♂

Fichtenkreuzschnabel

Familie: Finken

Gesang: ein zurückhaltendes Zwitschern und Trillern; unverkennbar ist der „Gip-gip“-Ruf aus dem Flug oder aus den Baumwipfeln

Nistplatz: hoch oben in Nadelbäumen (brütet in zapfenreichen Jahren schon im Winter)

♂

Bluthänfling

Familie: Finken

Gesang: ein weiches, melodisches Zwitschern mit klangvollen Tönen

Nistplatz: in jungen Fichten oder dichtem Gebüsch, meistens nahe am Boden

Gimpel *(Dompfaff)*

Familie: Finken

Gesang: ein sanftes, leises Pfeifen aus nur wenigen Tönen

Nistplatz: oft in jungen Fichten, auch in dichtem Gebüsch

♂ = Männchen
♀ = Weibchen

Grünfink *(Grünling)*

Familie: Finken

Gesang: eine Folge von klingelnden Tönen, auffallend ist ein lang gezogener, gequetschter Laut

Nistplatz: in dichtem Gebüsch und jungen Bäumchen (z. B. Buchsbaum)

Der Grünfink singt meistens von Singplätzen in hohen Baumkronen aus.

Der scheue Kernbeißer ist unser größter Fink. Mit seinem wuchtigen Schnabel kann er sogar Kirschkerne knacken, deren Inhalt er frisst.

Kernbeißer

Familie: Finken

Gesang: ein zurückhaltendes, quietschendes „Schwätzen“, das nur selten zu hören ist; auffallender ist sein scharfer Ruf „Zick“

Nistplatz: meistens hoch oben in Laubbäumen

Buchfinken brauchen Bäume, suchen aber ihre Nahrung, wie z. B. Bucheckern (Name!) und Insekten, gerne am offenen Boden. Dabei bewegen sie sich im Trippelschritt.

Buchfink

Familie: Finken

Gesang: laut schmetternd mit Schnörkel am Schluss, Regenruf „Wrüt“, heller Lockruf „Pink-pink“ (Name „Fink“!)

Nistplatz: in Astgabeln und Quirlen von Bäumen, gerne auch an Stämmen mit Efeu

Spatzen sind immer in kleinen Gruppen unterwegs: Tschilpen, fressen, schlafen, baden – fast alles machen sie gemeinsam.

rauner Oberkopf, Männchen und Weibchen gleich gefärbt

Früher hüpften sie „überall herum“, wo Menschen leben, heute nimmt der Spatzenbestand stetig ab. Gründe sind vor allem die fehlenden Öffnungen an sanierten Gebäuden und Nahrungsmangel.

Haussperling ♂

Feldsperling

Familie: Sperlinge

Gesang: ähnlich wie das Tschilpen des Haussperlings

Nistplatz: in Baumhöhlen in der Nähe von Gehöften

Spatzen fressen vor allem Sämereien wie Weizenkörner, die Jungen werden mit Läusen, Raupen und anderen Insekten gefüttert.

Haussperling *(Spatz)*

Familie: Sperlinge

Gesang: ein lautes, aufgeregtes Tschilpen

Nistplatz: meistens in Nischen unter Dächern

Haussperling ♀

Die Feldlerche startet von April bis Juli mehrere Male in der Stunde zum Singflug hinauf in die Luft.

Stare bilden ab dem Sommer riesige Schwärme. Wenn dann abends kurz vor Sonnenuntergang Tausende von ihnen einen gemeinsamen Schlafplatz aufsuchen, bewegen sie sich wie eine tanzende, von Zauberhand gelenkte Wolke am Himmel: ein grandioses Naturschauspiel!

Feldlerche

Familie: Lerchen

Gesang: ein hohes, mehrere Minuten anhaltendes Trillern in großer Höhe von einer Stelle aus

Nistplatz: am Boden im offenen Gelände, vor allem auf Feldern und Wiesen

Star

Familie: Stare

Gesang: ein abwechslungsreiches „Schwätzen" mit pfeifenden und schnalzenden Lauten

Stare können die Stimmen anderer Vögel und sonstige Geräusche nachahmen, z. B. Hühnergegacker, quietschende Fahrräder oder Handy-Klingeltöne

Nistplatz: in Höhlen von Bäumen, Dächern und in Nistkästen

Star im Schlichtkleid. Das Prachtkleid im Frühjahr (mit gelbem Schnabel) glänzt noch metallischer und ist weniger gepunktet.

Gartenbaumläufer

Familie: Baumläufer

Gesang: ein kurzes, hohes, nicht lautes Lied

Nistplatz: in Baumspalten, unter loser Rinde, in Mauerspalten

Baumläufer hüpfen ruckartig und in Spiralen an Stämmen hoch und suchen mit ihrem spitzen, gebogenen Schnabel unter der Rinde nach Insekten und Spinnen.

Hier hat ein Kleiber das Höhlenloch im Stamm einer alten Platane mit Lehm verkleinert: Er passt noch hindurch, größere Vögel wie Stare aber nicht mehr.

Der Kleiber kann im Gegensatz zum Baumläufer auch kopfunter klettern.

Typisch für Bachstelzen sind ihr stelzender Gang (Name!) und das Schwanzwippen.

Kleiber

Familie: Kleiber

Gesang: ein auffallend lautes Pfeifen, wobei mehrere Pfeiftöne aufeinander folgen: „Tüittüit-tüit …", auch ein schnelles Trillern „Düdüdüdüdü …"

Nistplatz: in Baumhöhlen und Nistkästen, Einflugloch und Ritzen werden mit feuchtem Lehm verklebt (Name!)

Bachstelze

Familie: Stelzen und Pieper

Gesang: ein zurückhaltendes Zwitschern

Nistplatz: in Hohlräumen unter Brücken, in Mauerlöchern, Kletterpflanzen …

Mach mit! – Schon im Januar die Ohren spitzen

Ist dir schon aufgefallen, wie still der Dezember ist? Kaum ein Gesang weit und breit! Aber schon an den ersten trockenen und hellen Januartagen geht es wieder los. Auffallend sind dann vor allem die Kohlmeisen, die mit einem lauten „Tita-tita-tita“ den Vorfrühling ankündigen. Und hier und da flötet auch schon eine Amsel. Bis März sind es dann schon deutlich mehr Stimmen. Im März und April kehren schließlich auch die Zugvögel zurück, sodass ab Mai das Vogelorchester mit allen Stimmen besetzt ist.

ab Januar/Februar: Kohlmeise, Blaumeise, Tannenmeise, Kleiber, Gartenbaumläufer, Amsel, Zaunkönig

ab Februar/März: Buchfink, Misteldrossel, Heckenbraunelle, Gimpel, Grünfink, Haussperling, Wintergoldhähnchen, Rotkehlchen, Star

ab März/April: Bachstelze, Singdrossel, Hausrotschwanz, Mönchsgrasmücke, Zilpzalp, Feldlerche

ab April/Mai: Rauchschwalbe, Mehlschwalbe, Sommergoldhähnchen, Fitis, Nachtigall

Hier aufgeführt ist der Gesangsbeginn der bekanntesten Singvögel.

Je nach Ort und Wetterlage sind Verschiebungen und Gesangspausen möglich.

Mach mit! – Mai-Konzert für Frühaufsteher

Stehe einmal an einem schönen Morgen Anfang Mai ganz früh auf, wenn es noch dunkel ist (ca. 5:00 Uhr). Stelle dich ans weit geöffnete Fenster oder gehe mit Erwachsenen nach draußen und lausche in die Stille. Kurz vor Sonnenaufgang wirst du hören, wie die Amseln zu flöten beginnen und nach und nach andere Stimmen einsetzen. – Ein traumhaft schönes Konzert, das man auch in Städten erleben kann!

Als Hilfe kannst du dir einzelne Gesänge im Internet anhören. Aber nimm dir nicht zu viele hintereinander vor! Wenn du draußen drei Vogelgesänge voneinander unterscheiden kannst, hast du einen schönen Anfang gemacht. Und wenn du eines Tages sogar zehn Vögel und ihre Stimmen kennst, gehörst du vielleicht schon bald zu den „Ornis“ (Ornithologe = Vogelkundler)!

Tipp: Alle Vogelstimmen zum Buch sind zu hören auf www.naturverlag.de.

Zwei, die sich mögen: Saatkrähen leben in einer treuen Partnerschaft

Krähen und andere Rabenvögel

Krähen begegnen uns überall: Auf der Suche nach Nahrung erkunden sie Gärten auf dem Land genauso wie städtische Grünflächen, spazieren neben Autobahnen und Landstraßen entlang, schreiten stolz über Bahnsteige und Schulhöfe. Wir sehen sie täglich, beachten sie aber kaum oder mögen sie einfach nicht. Dabei sind sie erstaunlich intelligent, geschickt und neugierig. Und man glaubt es kaum, wenn man ihr krächzendes „Rraah" hört: *Auch die Krähen sind Singvögel*!

Was hat eine Krähe mit einem Zaunkönig gemeinsam? Beide sind Singvögel: Die Krähe gehört zu den größten, der Zaunkönig zu den kleinsten.

Saatkrähen sind sehr gesellige Vögel. Im Herbst und Winter fliegen sie abends laut rufend in großen Schwärmen zu gemeinsamen Schlafplätzen.

Saatkrähen

Saatkrähen brüten in Kolonien. Ihre Nester, die sie ab März in Baumgruppen auf dem Land und in der Stadt neu bauen oder renovieren, liegen nahe beieinander hoch oben in den Baumkronen. Über Jahrzehnte werden jedes Jahr immer wieder dieselben Bäume besetzt.

Obwohl die Saatkrähen zu den geselligsten Vögeln gehören, verteidigen sie ihren kleinen Nestbereich mit lautem Krächzen und vertreiben angriffslustig jeden Eindringling. Sie stehlen sogar Zweige und Halme aus Nachbarnestern, wenn gerade niemand aufpasst. Aber ihre Gemeinschaft funktioniert dennoch gut. Nur selten umfasst eine Kolonie weniger als 20 Nester.

Auch im Herbst und Winter leben die Saatkrähen gesellig. Jetzt sind es mancherorts sogar besonders viele, denn im Herbst treffen Zehntausende Saatkrähen aus Polen und Russland bei uns ein. In großen Scharen sieht man sie auf Feldern und Wiesen nach Nahrung suchen. Kurz vor Einbruch der Dunkelheit schließen sie sich zu großen Schwärmen zusammen, um dann gemeinsam und mit dunklen „Rraah“-Rufen zu ihren Schlafbäumen zu fliegen. Auch Dohlen, die an ihrem hellen „Kjak“ gut von den Krähen zu unterscheiden sind, gesellen sich gerne dazu. Ein Schauspiel, das sogar den Verkehrslärm übertönt.

In einer Saatkrähen-Brutkolonie herrscht ab dem zeitigen Frühjahr ein reges Landen und Abfliegen, ständig kreisen einige Vögel über der Kolonie.

Der Schnabelansatz der erwachsenen Saatkrähe ist hell.

Krähe oder Rabe?

Saatkrähen, Rabenkrähen und Nebelkrähen sind nahe verwandt mit Dohlen und Kolkraben. Zusammen mit den Hähern und Elstern gehören sie zur Familie der Rabenvögel. Ein „echter Rabe“ ist hierzulande aber nur der seltenere Kolkrabe, unser größter Rabenvogel.

Rabenkrähen und Nebelkrähen

Rabenkrähen und Nebelkrähen sind weniger gesellig als die Saatkrähen. Sie leben paarweise zusammen. Aber auch sie bilden manchmal kleinere Trupps, wenn sich einzelne Krähen mit den Paaren verbünden. Das bringt Vorteile bei der Abwehr von Feinden wie Habicht und Fuchs. Beide Arten leben in Deutschland als Zwillingsarten räumlich voneinander getrennt: etwa südwestlich der Elbe die Rabenkrähen, nordöstlich der Elbe die Nebelkrähen.

Rabenvögel sind Allesfresser

Sie ernähren sich von Getreidekörnern und Früchten, suchen nach Aas, Insekten, Regenwürmern und Nacktschnecken und fressen bei Gelegenheit auch Eier und kleinere Wirbeltiere wie Nestlinge, Mäuse, Frösche und Kröten oder junge Kaninchen. Rabenvögel legen Vorräte an, die sie mit höchster Wachsamkeit verstecken.

Saatkrähe

Die Altvögel sind an ihrem hellen Schnabelansatz gut von Rabenkrähen zu unterscheiden. Das schwarze Gefieder schimmert violett-blau.

Rabenkrähe

Rabenkrähen sind „rabenschwarz“, auch der Schnabelansatz ist schwarz befiedert.

Nebelkrähe

An ihrem zweifarbigen, schwarz-grauen Gefieder ist die Nebelkrähe leicht zu erkennen.

Dohle

Dohlen sind nur etwa taubengroß. Sie fliegen mit schnellerem Flügelschlag als Krähen und ihre Rufe sind heller: „Kjak“. Sie nisten gerne gesellig in Kirchtürmen, Burgen oder Schlössern.

Kolkrabe

Der Kolkrabe ist größer als ein Mäusebussard. Im Flug ist er an seinem klobigen Schnabel und keilförmigen Schwanz zu erkennen. Seine Stimme ist auffallend dunkel.

Eichelhäher

Der taubengroße Eichelhäher (s. S. 104 ff.) ist der farbigste Rabenvogel. Und wer kennt nicht sein lautes, durchdringendes „Rrääk“, mit dem er bei Gefahr warnt? Deshalb wird er auch „Waldpolizei“ genannt.

Elster

An ihrem schwarz-weißen Gefieder, dem grün-blauen Schillern und dem sehr langen Schwanz ist die Elster leicht zu erkennen. Typisch ist ihr rauer „Tschack-tschack-tschack“-Ruf.

Die „Klügsten“ unter allen Vögeln

Krähen sind außergewöhnlich intelligent: So lassen vor allem die Rabenkrähen Walnüsse oder Muscheln aus der Luft auf Straßen fallen, damit sie aufspringen. Oder sie werfen die Nüsse vor fahrende Autos und warten, bis sie von den Rädern geknackt werden.

Auch täuschen sie ihre Artgenossen beim Verstecken von Nahrung: Wenn sie sich dabei beobachtet fühlen, tun sie nur so, als würden sie das Futter an einer Stelle ablegen, verstecken es aber dann in einem unbeobachteten Moment an einem anderen Platz!

Krähen können auch Personen an ihren Gesichtern erkennen und sich noch Jahre später daran erinnern, ob sie gute oder schlechte Erfahrungen mit ihnen gemacht haben!

Mach mit! – Krähenfreundschaft

Gibt es in deiner Umgebung Krähen, die du regelmäßig siehst? Ob sie lernen, dich zu erkennen? – Lege ihnen mehrere Tage hintereinander immer wieder einmal ein Häppchen Futter hin, z. B. eine gekochte Kartoffel oder ein Stück Käse. Wie verhalten sie sich? – Vielleicht werdet ihr bald wunderbare Freunde!

Das „Glücksräbchen“

Völlig hilflos lag die kleine Rabenkrähe auf der Wiese hinter einem Pfarrhaus. Sie konnte noch nicht fliegen und auch nicht auf den Beinen stehen und wurde von den Eltern nicht mehr versorgt. „Räbchen“ fand in unserem Garten ein neues Zuhause. Ich fütterte es einige Tage lang und erlebte dann etwas Erstaunliches: Unser altes Krähenpärchen hatte die lauten Bettelrufe bemerkt, beobachtete den kleinen Neuling eine Zeitlang neugierig von den umliegenden Dächern aus, wagte sich immer näher heran und übernahm dann tatsächlich das Füttern der jungen Krähe, bis sie nach fünf Wochen selbstständig war!

Hier holte sich gerade einer der fürsorglichen Altvögel eine gekochte Kartoffel vom Zaunpfahl. „Räbchen“ wartete schon hungrig ...

Mit bis zu 200 km/h jagen Mauersegler bei ihren Flugspielen durch die Luft

Fantastische Flieger am Sommerhimmel

Wenn an schönen Sommertagen schlanke, schwalbenähnliche Vögel bis in die Dämmerung hinein mit schrillen „Srieh"-Rufen und reißendem Flug über die Dächer der Städte und Dörfer hinwegfegen, dann sind es Mauersegler – fantastische Flugkünstler, ohne die der Sommerhimmel nicht vorstellbar wäre.

Mit ihren langen, sichelförmigen Flügeln, dem stromlinienförmig gebauten Körper und nicht zuletzt der äußerst leistungsfähigen Brustmuskulatur sind Mauersegler perfekt an das Luftleben angepasst, besser als jede andere Vogelart. Abgesehen von der Zeit des Brütens verbringen sie fast ihr ganzes Leben in der Luft. Sie übernachten sogar am Himmel! In einer Höhe von über 2000 Metern segeln sie vermutlich halb schlafend durch die Nacht, ab und zu mit den Flügeln schlagend, um nicht an Höhe zu verlieren.

Mauersegler ernähren sich ausschließlich von Insekten und fliegenden Spinnen, die sie im schnellen Flug mit ihrer breiten Mundspalte aufschnappen. Dabei legen sie an einem einzigen Tag mehrere hundert Kilometer zurück. Eine nahende Schlechtwetterfront können sie bereits viele Stunden vorher spüren und flüchten dann rechtzeitig, um nach Wetterbesserung wieder zurückzukehren. Wenn brütende Mauersegler bei nasskaltem Wetter ihre Jungen verlassen, fallen die Kleinen in der Bruthöhle in eine Starre und können auf diese Weise länger als eine Woche ohne Fütterung überstehen.

Mauersegler landen nur in Notsituationen am Boden. Denn mit ihren kurzen Beinen und den kleinen Füßen können sie nicht gehen, sondern sich nur schleppend fortbewegen. Aber die Zehenkrallen sind besonders kräftig und werden wie Haken benutzt. So können Mauersegler nach einer Notlandung an senkrechten Hauswänden oder Bäumen hochklettern, um sich dann wieder in den Luftraum fallen zu lassen. Ein kräftiger Mauersegler schafft es aber auch, sich direkt vom Boden wieder in die Luft zu heben, wenn er von einer offenen Startfläche umgeben ist.

An einem schönen Sommertag kann ein Mauersegler über 10000 fliegende Beutetierchen fangen! Die Nahrung wird im Kehlsack gesammelt (unteres Foto) und dann zur Bruthöhle gebracht.

Als ursprünglicher Felsenbrüter nisten Mauersegler in Dörfern und Städten in den unterschiedlichsten Hohlräumen unter Dächern oder in Mauern. Hier fliegt ein Mauersegler gerade seine Höhle über dem Fenster eines Schulgebäudes an.

Die breite Mundspalte des Mauerseglers wirkt geöffnet wie ein Kescher, mit dem er Mücken, Fliegen, Blattläuse, Ameisen und Spinnchen leicht aus der Luft fischen kann.

Die Mehlschwalben jagen meistens eine „Etage“ höher als die oft dicht über den Boden schießenden Rauchschwalben.

Ganz oben fegen die Mauersegler durch die Luft. So wird Konkurrenz unter den gewandten Fliegern weitgehend vermieden.

Mauersegler sind besser an das Leben in der Luft angepasst als jede andere Vogelart. Sie verbringen meistens sogar die Nacht im Flug.

Schon gewusst?

Schwalben gehören zu den Singvögeln, Mauersegler aber nicht.

Mauersegler sind keine Schwalben

Mauersegler werden häufig mit Schwalben verwechselt. Sie sind aber noch nicht einmal näher mit ihnen verwandt. Der Grund für das im Flugbild täuschend ähnliche Aussehen und Verhalten von Mauerseglern und Schwalben liegt in der gleichen Lebensweise: Weil sie aus dem schnellen Flug heraus fliegende Insekten fangen, haben sie ähnliche Merkmale ausgebildet: lange, schmale und spitze Flügel, einen schlanken, stromlinienförmigen Körper, eine breite Mundspalte und schwache Beine mit kleinen Füßen.

Dennoch gibt es eindeutige, unverkennbare Unterschiede. So fallen die Mauersegler durch ihre lauten und schrillen „Srieh“-Rufe auf, während die halblauten und zwitschernden Töne der Schwalben an ein Schwätzen erinnern. Die Flügel der Mauersegler sind länger und sichelförmig. Außerdem sind Mauersegler einfarbig schwarzbraun bis auf einen hellen Kehlfleck, den man von Weitem aber nicht sehen kann. Nicht zuletzt unterscheiden sich Mauersegler und Schwalben auch durch ihren Brutplatz voneinander.

Mehlschwalben bauen ihre fast geschlossenen Nester an den Außenwänden von hohen Gebäuden unter Dachvorsprüngen, gerne dicht nebeneinander.

Mauersegler brüten gewöhnlich in großer Höhe in Hohlräumen des Mauerwerks. In der Regel sind sie Koloniebrüter.

Mehlschwalbe

An vielen Orten finden die Schwalben zum Bauen ihrer Nester keine feuchte, lehmhaltige Erde mehr, was ihren Bestand stark gefährdet. Zudem leiden sie unter Nahrungsmangel, denn die Zahl der Insekten hat in den letzten Jahren massiv abgenommen.

Rauchschwalben nisten vorwiegend in Ställen und Scheunen in napfförmigen Nestern, meistens zu mehreren Paaren in einem Stall.

Brautgeschenk: Ein Rauchschwalben-Männchen kommt mit einem Hälmchen im Schnabel geflogen, um seine Partnerin zu beeindrucken.

Wettervorhersage

„Siehst du die Schwalben niedrig fliegen, wirst du Regenwetter kriegen". Stimmt diese alte Bauernregel? Tatsächlich fliegen die Insekten bei kühlem Regenwetter tiefer und deshalb auch die Schwalben, die hinter ihnen herjagen. Die Insekten fliegen höher, wenn durch Sonneneinstrahlung mehr warme Luft aufsteigt, mit der sie nach oben getragen werden. Das kann aber auch an einem heißen Sommertag vor einem nahenden Gewitter sein, sodass wir dann auch „Regen kriegen", obwohl die Schwalben hoch oben fliegen ...

Bevor die Schwalben im September wieder wegziehen, versammeln sie sich tagelang schwätzend auf Leitungsdrähten. Bei den Mauerseglern ist das anders: Eines Tages sind sie „einfach nicht mehr da"!

Mach mit! – Mauersegler oder Schwalben?

Blicke zwischen Mai und August immer wieder einmal für einige Minuten zum Himmel. Kannst du Mauersegler sehen? Oder sind es vielleicht doch Schwalben? – Tipp: Mauersegler jagen meistens in der „obersten Etage", also über den Schwalben.

Mach mit! – Der Erste und der Letzte

Zwischen Ende April und Anfang Mai treffen die Mauersegler bei uns ein. Notiere den Tag, an dem du den ersten siehst, um im nächsten Jahr vergleichen zu können.

Die Mauersegler leben nur etwa drei Monate bei uns! Schon Anfang bis Mitte August zieht es sie wieder nach Südafrika. Die meisten Menschen bemerken ihr Verschwinden gar nicht. Und du?

Tipp: Halte täglich Ausschau, sonst verpasst du leicht den letzten Tag!

Treue Heimkehrer

Mauersegler und Schwalben kehren jedes Jahr an ihren Brutort zurück. Oft benutzen sie und ihre Nachkommen jahrzehntelang dieselben Brutplätze.

Bei Renovierungen an Wänden und Dächern ist deshalb besondere Achtsamkeit geboten, damit Brutplätze erhalten bleiben. Zu oft werden z. B. Hohlräume unter Dächern und hinter Verkleidungen von hohen Gebäuden, in denen Mauersegler brüten, verschlossen. Finden die Vögel bei der Rückkehr aus dem Winterquartier ihre Brutstätten nicht mehr auf, verlieren sie bei der Suche nach Ersatzplätzen wertvolle Zeit oder können schlimmstenfalls gar nicht mehr brüten. Unbedingt zu vermeiden sind natürlich auch Störungen während der Brutzeit (vgl. auch Bundesnaturschutzgesetz, s. S. 140-141).

Mit künstlichen Nistmöglichkeiten wie Brutsteinen und Kunstnestern kann dort geholfen werden, wo „Wohnungsnot“ besteht. Wenn dann die Bruthilfen tatsächlich angenommen werden, bringt das Beobachten der Flugkünstler aus nächster Nähe unglaublich viel Freude!

Dieser junge Mauersegler konnte gerade noch gerettet werden, nachdem seine Bruthöhle bei Sanierungsarbeiten verschlossen worden war. Nach wochenlangem Aufpäppeln startet er hier zu seinem ersten Flug – ein bewegender Augenblick!

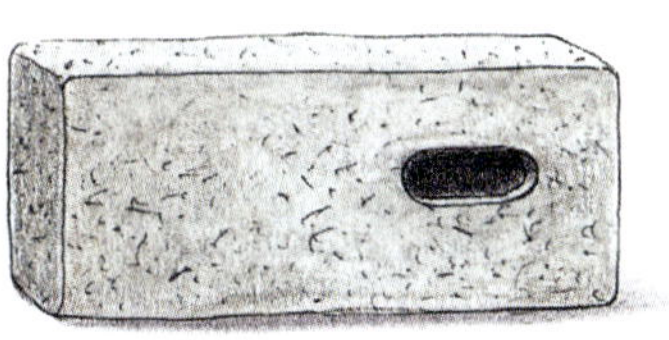

bettelnde Jungvögel

Brutsteine sind sowohl bei sanierten Altbauten als auch bei Neubauten eine Möglichkeit, fehlende Nistplätze für Mauersegler zu ersetzen. Am besten werden sie in einer Höhe über 5 m mit freier Einflugschneise angebracht.

Mach mit! – Eintauchen in den Abendhimmel

Suche dir an einem schönen, warmen Sommerabend, wenn es noch gerade hell ist, einen Platz mit freiem Blick zum Himmel. Kannst du Mauersegler beobachten, die höher und höher steigen, bis sie nicht mehr zu sehen sind? Sie übernachten dort oben!

Zwei Buntspecht-Männchen während eines erbitterten Revierkampfs

Der Buntspecht

„Kick!“ Fast jedes Mal ist es dieser kurze, scharfe Ruf, der uns auf einen Buntspecht aufmerksam macht, noch bevor wir ihn dann vielleicht auch beobachten können: wie er mit ruckartigen Bewegungen an einem Stamm hochhüpft, mit kräftigen Schnabelhieben die Rinde oder eine eingekeilte Nuss aufhackt oder blitzschnell auf einen morschen Ast einhämmert, um ein weit hallendes Trommeln zu erzeugen.

Eine einzelne Flügelfeder des Buntspechts fällt durch ihre weißen Punkte auf schwarzer Fläche sofort ins Auge.

Die Spechthöhle

Spechte sind Höhlenbrüter, die ihre Höhlen selbst bauen. Als Brutbaum wählt der Buntspecht alte oder geschwächte Bäume mit morschem Holz. Im zeitigen Frühjahr zimmern Männchen und Weibchen innerhalb von zwei Wochen eine etwa 30 cm tiefe Höhle mit einem kreisrunden Einflugloch. Ein Nest wird nicht mehr gebaut, denn der Holzboden mit einem Teppich aus Spänen ist weich und wärmend genug. Im April legt das Weibchen mehrere weiße Eier. Nach dem Schlüpfen verbringen die kleinen Buntspechte noch nahezu drei Wochen in der Höhle. Schon einige Tage vor dem Ausfliegen kann man von draußen ihre lauten und anhaltenden Rufe hören: „Ki-ki-ki-ki-ki-ki-ki-ki".

Wenn junge Buntspechte lauthals betteln, müssen sie nicht lange warten. Hier der Vater beim Füttern seiner Jungen in einer alten Weide.

In der Regel bauen Buntspechte jedes Jahr eine neue Bruthöhle. Die alten werden von „Nachmietern" wie Staren und Kleibern, Fledermäusen, Waldmäusen, Siebenschläfern, Hummeln und Hornissen bewohnt.

Mach mit! – Einen Spechtbaum suchen

In einem Wald mit alten Laubbäumen hast du gute Aussichten, eine Spechthöhle zu finden. Vielleicht sogar eine neu gebaute, bei der die Ränder noch hell sind?

Beim Höhlenbau lässt sich der immer wachsame Buntspecht nur selten zusehen. Doch frische, streichholzhelle Holzspäne unter einem Baum verraten seine Arbeit. Ein besonderes Fundstück für Spurensammler!

Das Buntspecht-Männchen hat einen roten Fleck am Hinterkopf, das Weibchen nicht.

Eine Buntspechthöhle ist etwa 30 cm tief (hier aufgesägt).

Gut angepasst

Nicht nur zum Höhlenbau braucht der Buntspecht seinen kräftigen Schnabel. Er hackt damit auch morsche Rinde auf, um darunter Käfer, Raupen und andere kleine Tiere zu finden. Mit seiner beweglichen Zunge kann er auch Insektenlarven aus tiefer liegenden Gängen herausangeln.

Wenn er im Herbst und Winter Nüsse und die Samen von Zapfen frisst, klemmt er sich die Früchte in eine Schmiede und hackt sie dann auf (s. S. 52 und 57).

Spechte können sich hervorragend an Baumstämmen bewegen, denn sie haben kurze Beine, die sie dicht am Stamm halten, und kräftige Füße. Ihre Zehenkrallen sind spitz und stark gebogen. Der keilförmige, feste Stützschwanz gibt beim Klettern zusätzlichen Halt.

Hackspur eines Buntspechts bei der Nahrungssuche

Das Trommeln

Das laute Trommeln des Buntspechts ist im Frühlingswald nicht zu überhören. Auf diese Weise verteidigt er sein Brutrevier. Dazu sucht er einen morschen Ast, der seine Klopftöne verstärkt, und hämmert in rasend schneller Folge auf ihn ein. Auch das Weibchen trommelt, aber kürzer und seltener.

Mit seiner langen und biegsamen Zunge erreicht der Buntspecht die im Holz versteckten Larven.

Die nadelfeine Spitze der Zunge hat winzige Widerhäkchen.

Bis zu 20-mal in der Sekunde klopft der Buntspecht beim Trommeln gegen morsches Holz. Er ist der schnellste Trommler unter den Spechten.

Die drei häufigsten heimischen Spechte

Der Grünspecht frisst vor allem Ameisen und deren Puppen, die er am Boden oder in morschen Baumstümpfen findet. Mit seiner klebrigen, über 10 cm langen Zunge leimt er die Beute an.

♂

♀

Grünspecht

Trommeln: ähnlich wie beim Buntspecht, aber sehr selten

Ruf: „Giüg-giüg-giüg-giüg", wie ein lautes Lachen

Männchen und Weibchen des Grünspechts unterscheiden sich durch die Färbung des Wangenflecks.

♂

Buntspecht

Trommeln: laut und schnell, häufig

Ruf: ein scharfes, kurzes „Kick"

Der Buntspecht ist unser häufigster Specht. Er lebt vor allem in naturnahen Mischwäldern, aber auch in Parks und Gärten mit altem Baumbestand ist er oft zu beobachten.

auffallend großes und ovales Einflugloch

♂

♀

Weibchen nur am Hinterkopf rot gefärbt

Schwarzspecht

Trommeln: kräftig, aber langsamer und seltener als beim Buntspecht

Rufe: ein lang gezogenes, klagend klingendes „Kijäh" und ein lautes „Krü-krü-krü-krü"

Der scheue Schwarzspecht ist der größte heimische Specht (etwa 46 cm). Für den Höhlenbau wählt er vor allem alte, noch kräftige Buchen aus.

Die geräumigen Höhlen werden später von zahlreichen anderen Tierarten wie Waldkauz und Abendsegler, Baummarder und Siebenschläfer bezogen.

Drei bettelnde „Rotkäppchen" und Vater Schwarzspecht

Mächtig, kräftig, imposant: unser größter Greifvogel, der Seeadler

Die Könige der Lüfte

Streng und furchtlos erscheint der Blick aus scharfsichtigen Augen, bedrohlich wirkt der kräftige, spitz nach unten gebogene Schnabel. Aber vor allem staunen wir über die Kraft der Flügelschläge und bewundern den majestätischen und schwerelosen Flug, mit dem Greifvögel den Luftraum bis in weite Höhen beherrschen.

Seeadler

Der mächtige Seeadler ist mit einer Flügelspannweite von bis zu 2,50 m unser größter heimischer Greifvogel. Nachdem er vor 100 Jahren in Deutschland vor allem durch Verfolgung und Insektenvernichtungsmittel fast ausgerottet war, leben hier inzwischen wieder rund 970 Paare (Stand 2025), die meisten davon in der Seen- und Küstenlandschaft von Mecklenburg-Vorpommern.

Turmfalke

Sperber

Habicht

Mäusebussard

Rotmilan

Greifvögel und Falken erkennen

Unser mit Abstand häufigster Greifvogel ist der Mäusebussard, gefolgt von Sperber und Habicht. Der häufigste Falke ist der Turmfalke. Obwohl sich diese Arten aus der Nähe relativ gut voneinander unterscheiden lassen, braucht man schon einige Erfahrung, um auch hoch fliegende Vögel richtig zu bestimmen. Deshalb sind neben dem Flugbild auch die Rufe und Verhaltensweisen zu beachten: Der *Mäusebussard* fällt vor allem durch seinen typischen katzenähnlichen Schrei auf, der *Turmfalke* ist am ausdauernden Rütteln zu erkennen, *Sperber* wie auch *Habicht* sind pfeilschnelle Überraschungsjäger, und beim *Rotmilan* ist der gegabelte Schwanz ein erstes Bestimmungsmerkmal.

Der Steinadler brütet in Deutschland nur noch in den Alpen mit etwa 50 Paaren (Stand 2022).

In der gesamten Alpenregion gibt es durch strengen Schutz inzwischen wieder etwa 1300 Paare.

Steinadler

Erfolg durch Schutzmaßnahmen

Die meisten Greifvogelarten sind bei uns selten geworden: Jahrhundertelang wurden Greifvögel verfolgt, weil man sie für Nahrungskonkurrenten hielt. Außerdem haben sich ihre Lebensräume verändert, und nicht zuletzt sind sie durch Gifte sowie Auto- und Zugverkehr gefährdet. Umso erfreulicher ist es, dass inzwischen langjährige Schutzprogramme Erfolge zeigen. So konnten sich z. B. die Bestände von *Seeadler* und *Wanderfalke* gut erholen. Vielleicht gelingt dies in Zukunft auch bei anderen Arten wie den stark gefährdeten Wiesenweihen und Kornweihen?

♀

Weibchen mit rotbraunem Kopf

♂

Turmfalken und Wanderfalken brüteten ursprünglich vorwiegend in Felswänden. Als Kulturfolger besiedeln sie gerne hohe Bauwerke. Hier der Aachener Dom mit einem Brutplatz im Turmhelm.

Turmfalke

Typisch für den Turmfalken ist sein Rüttelflug, bei dem er mit schnellen Flügelschlägen und breit gefächertem Schwanz an einer Stelle in der Luft hängt, um nach Mäusen zu spähen. Sogar ihre Urinspuren kann der Turmfalke hoch oben aus der Luft erkennen.

Schon gewusst?

Die Falken gehören nicht mehr zu den Greifvögeln, sondern bilden eine eigene Gruppe (Falkenartige). Sie sind näher verwandt mit Papageien als mit Greifvögeln!

Wanderfalke

Wanderfalke

Der Wanderfalke ist ein großer, kräftiger Falke mit einem auffallenden dunklen Bartstreif am Kopf. Spektakulär ist sein rasanter Sturzflug, bei dem er im freien Luftraum aus großer Höhe heraus mit über 300 km/h Vögel wie Tauben und Stare erbeutet.

Mäusebussarde sind sehr unterschiedlich gefärbt. Manche sind sogar fast weiß.

Mäusebussard

Mäusebussarde kreisen häufig hoch oben am Himmel und sind an ihren hohen, dem Miauen einer Katze ähnlichen „Hiää“-Rufen zu erkennen. Sie jagen vor allem Feldmäuse. Im Winter sitzen sie oft an befahrenen Straßenrändern und warten auf Fallwild.

Mäusebussard

Männchen mit grauem Kopf (Weibchen braun); besonderes Kennzeichen: wespengelbe Augen bei den erwachsenen Vögeln

Wespenbussard

Wespenbussard

Dieser Greifvogel ernährt sich vor allem von Wespenlarven, deren Waben er mit den Füßen ausgräbt. Im Flug ist er nur schwer vom Mäusebussard zu unterscheiden. Er kommt bei uns seltener vor und nur zur Brutzeit zwischen April und September. Als Zugvogel fliegt er bis nach Südafrika.

Sperber

Der Sperber ist ein Überraschungsjäger: Blitzschnell fegt er durch Wälder, Gärten und Städte, um kleinere Vögel zu erbeuten. Durch hohe Warnrufe machen die Singvögel auf ihn aufmerksam.

Sperber

♀

♂

Das nur taubengroße Sperbermännchen ist deutlich kleiner als das Weibchen, hat eine graublaue Oberseite und eine rostbraun gebänderte Unterseite.

Habicht

Habicht

Rotmilan

Rotmilan

Selbst von Weitem ist ein ausgewachsener Rotmilan durch seinen tief gegabelten Schwanz sofort von anderen Greifvögeln zu unterscheiden. Deshalb wird er auch Gabelweihe genannt. Der Rotmilan schlägt vor allem schwache Tiere und frisst auch Aas.

Habicht

Wie der Sperber jagt auch der Habicht mit Überraschungsangriff und kann mit großer Geschwindigkeit geschickt durch schmale Lücken zwischen Bäumen fliegen. Mit seinen kräftigen Beinen kann er auch am Boden hinter seiner Beute herlaufen. Er jagt vor allem Vögel wie Tauben, Eichelhäher und Buntspechte, aber auch Eichhörnchen, Kaninchen und andere Kleinsäuger.

Weltweit gibt es etwa 20 000 bis 25 000 Brutpaare des Rotmilans. Mehr als die Hälfte davon leben in Deutschland!

Lebensraum des Rotmilans ist die offene Landschaft mit Wiesen und Hecken, über denen er jagt, und mit Baumgruppen oder Waldrändern, in denen er brütet.

155 - 180 cm

Rotmilan
*tief gegabelter, langer Schwanz,
(bei gespreiztem Schwanz ist die Gabelung aber nur schwach);
lange, schlanke Flügel*

115 - 135 cm

Mäusebussard
*breite Flügel, ziemlich kurzer Schwanz;
schraubt sich oft im Aufwind höher und höher,
rüttelt nur selten*

95 - 125 cm

Habicht
*langer Schwanz;
deutlich größer als Sperber, aber im Flug kann das kleinere Habicht-Männchen mit einem Sperber-Weibchen verwechselt werden*

60 - 80 cm

Sperber
*langer Schwanz, Flügel weniger spitz als beim Turmfalken;
segelt im Vergleich zum ähnlich aussehenden Habicht nur selten hoch oben am Himmel*

60 - 75 cm

Turmfalke
*langer Schwanz, spitze Flügel;
rüttelt häufig*

Hinweis zu den Flügelspannweiten: Die Weibchen sind oft deutlich größer als die Männchen.

Mach mit! – Mit Falkenaugen beobachten

Kennst du unsere häufigsten Greifvögel und Falken? Mache dich mit einem Fernglas auf den Weg. Vielleicht siehst du einen Mäusebussard, der auf einem Zaunpfahl sitzt oder hoch oben am Himmel kreist. Oder einen Turmfalken, der über einem Feld rüttelt. Kannst du beobachten, wie er sich auf Beute stürzt?

Mach mit! – Wie groß ist deine Spannweite?

Stelle dich mit ausgebreiteten Armen vor eine Wand, merke dir Anfangs- und Endpunkt und miss dann aus, welche „Arm-Spannweite“ du hast. Erreichst du die Spannweite des Bussards? Oder sogar des Rotmilans?

Krähe beim Angriff auf einen Mäusebussard

Wenn Krähen auf einen Bussard hassen ...

... verliert in der Regel der Bussard und sucht das Weite. „Hassen" nennt man den Angriff von Singvögeln auf Greifvögel (und Eulen). Allen voran sind es Krähen, die Bussarde angreifen. Sie rufen Verbündete und attackieren dann gemeinsam den Bussard mit wendigen Flugmanövern, mal mit waghalsigen Sturzflügen von oben, mal mit aggressiven Schnabelhieben von unten. Auch kleinere Singvögel wie Wacholderdrosseln oder Misteldrosseln zeigen dieses Verhalten. Es ist vor allem damit zu erklären, dass einige Greifvögel (wenn auch nicht der Bussard) zu ihren Feinden gehören.

Abgesehen von den gemeinsamen Luftangriffen gibt es auch ein „Alarmsystem" der Kleinvögel am Boden: Sobald ein Sperber gesichtet wird, sind hohe, durchdringende Warnrufe zu hören, die soviel bedeuten wie „Rette sich, wer kann"!

Mach mit! – In die Falkenstube blicken

An vielen Falken-Brutplätzen sind seit einigen Jahren Webcams installiert, sodass jeder das Brutgeschehen zwischen Mai und Juli live mitverfolgen kann. Besonders spannend ist es, wenn die Kamera in einem Kirchturm angebracht ist, den du kennst. Sobald die Jungen dann flügge werden, kannst du sie draußen bei den ersten Flugübungen beobachten!
Gibt es so etwas in deiner Umgebung? Erkundige dich!

Waldohreule in Drohhaltung

Lautlos durch die Nacht

Wer einer Eule begegnet, wird von diesem Erlebnis nicht unberührt bleiben. Ihre großen, nach vorne gerichteten Augen, die uns wachsam beobachten, ihr nächtliches Jagen, der lautlose Flug, mit dem sie wie ein Schatten fast unbemerkt an uns vorbeistreicht, und die eigenartigen Rufe durch die Dunkelheit einer stillen Nacht – alle diese Eigenschaften lassen uns Eulen als unheimlich und faszinierend zugleich empfinden.

Die Waldohreule ist an ihren Federohren leicht zu erkennen. Sie heißt zwar „Waldohreule“, brütet aber auch gerne in Parks, Gärten und auf Friedhöfen.

Schleiereule beim Verlassen ihres Brutplatzes in einem alten, hohen Trafohäuschen

Als nächtliche Jäger können alle Eulen ausgezeichnet hören. Schleiereulen sind sogar in stockdunkler Nacht in der Lage, eine raschelnde oder piepsende Maus nur über ihr Gehör zu erkennen und anzufliegen. Mit einem Federkranz, der die Augen umrahmt, werden die Geräusche wie mit einer Satellitenschüssel aufgefangen und zu den Gehöreingängen geleitet, die an den Seiten des Kopfes liegen und von Federn überdeckt sind. Die oben am Kopf sitzenden „Federohren" mancher Arten, zum Beispiel von Waldohreule und Uhu, sind keine Ohren, sie werden nur so genannt.

Insbesondere Schleiereulen haben ein hervorragendes Gehör. Sogar bei völliger Dunkelheit können sie erfolgreich Mäuse jagen.

Sehen bei Nacht

„Eulengesicht“: Bei Eulen spricht man wegen der großen, nach vorne gerichteten Augen und des an eine Nase erinnernden Schnabels von einem Gesicht.

Eulen haben nicht nur ein feines Gehör, sondern können auch hervorragend sehen. Wenn für unser Auge das Licht gerade noch ausreicht, um einen Gegenstand zu erkennen, sind Eulen dazu noch bei einer hundertmal geringeren Helligkeit fähig. Nur im Stockfinsteren können auch Eulen nichts mehr sehen.

Die großen Augen der Eulen sind nach vorne gerichtet und ermöglichen dadurch ein räumliches Sehen und ein Messen von Entfernungen. So ist es bei fast allen Beutegreifern, zu denen z. B. auch Füchse und Katzen gehören. Im Unterschied dazu stehen die Augen von Fluchttieren wie Hasen und den meisten anderen Säugetieren und Vögeln seitlich am Kopf, damit sie ihre Umgebung fast rundherum beobachten können.

Bei Fluchttieren stehen die Augen seitlich am Kopf, bei Beutegreifern sind sie meistens nach vorne gerichtet.

Junge Waldohreulen sitzen zur Tarnung oft nahe an einem Stamm. Die hier gezeigte hat ihren Kopf um 110 Grad gekippt.

Weil Eulenaugen unbeweglich sind, wird der ganze Kopf gedreht und gekippt, um zur Seite und nach unten oder oben zu blicken. Eulen können ihren Kopf um bis zu 270 Grad drehen, also so weit, als würden wir rechts herum über die linke Schulter gucken!

Geräuschloser Flug

Der Eulenflug ist lautlos, denn die Federn haben eine samtweiche Oberfläche, welche die beim Flug entstehenden Geräusche „verschluckt“. Außerdem ist der äußere Rand der vorderen Schwungfedern wie ein feiner Kamm ausgebildet. So prallt die Luft beim Fliegen nicht geräuschvoll gegen die Federn, sondern gleitet lautlos hindurch.

Typisch für Eulen ist der kammartige Rand an den vorderen Handschwingen (hier Waldkauz).

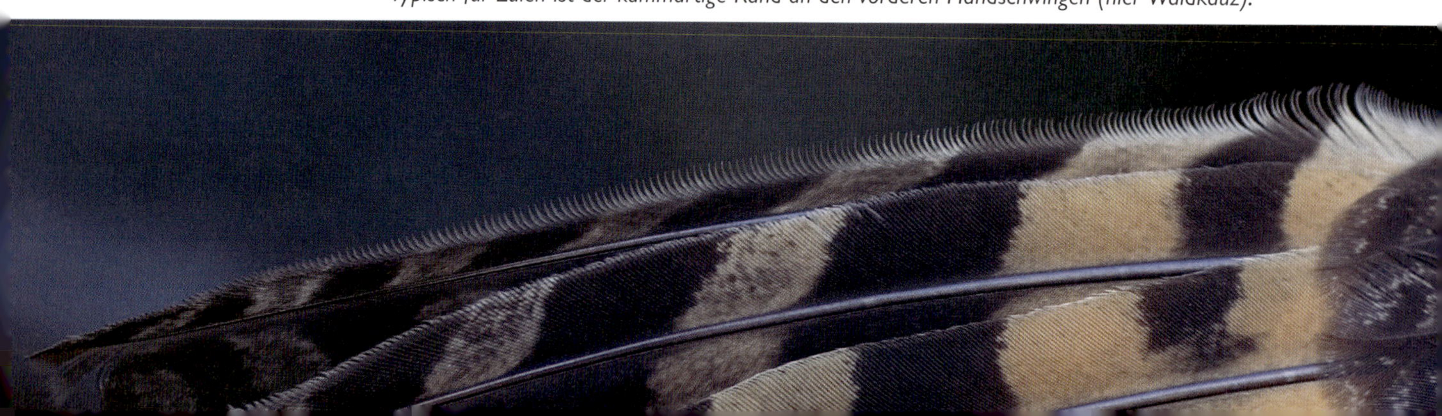

Gewölle

Eulengewölle (mit sichtbaren Knochen)

Eulen hinterlassen Spuren, die ihre Anwesenheit verraten: Gewölle. Das sind grau-schwarze Ballen, die wie verfilzte Wolle aussehen. Sie enthalten unverdauliche Nahrungsreste wie Fell, Federn und Knochen, die von den Eulen wieder ausgewürgt werden. Mit einiger Erfahrung kann man an der Form, der Größe und dem Fundort erkennen, von welcher Eule ein Gewölle stammt. Eulengewölle sind auf den ersten Blick mit denen von Greifvögeln zu verwechseln. Greifvögel verdauen aber die harten Bestandteile ihrer Beute fast vollständig. Deshalb enthalten ihre Speiballen in der Regel keine Knochen. Auch andere Vögel wie Möwen und Krähen speien Ballen mit Beuteresten aus, die aber deutlich anders aussehen.

Gewölle liegen dort, wo Eulen schlafen, z. B. unter einem Baum oder einem Scheunenbalken.

Mach mit! – Wer findet ein Mäusezähnchen?

Ein Gewölle kannst du untersuchen, ohne die Nase rümpfen zu müssen, denn durch die Magensäure ist es wie gewaschen und absolut geruchlos. In einem Eulengewölle findest du feine Knochen und oft auch Zähnchen. Wenn du schon ein erfahrener Naturdetektiv bist, kannst du sogar erkennen, von welchem Beutetier sie stammen!

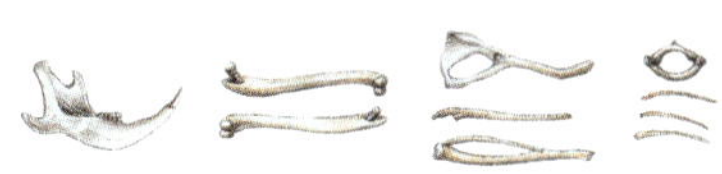

Ein Eulengewölle besteht aus Haaren und vielen kleinen Knochen. Auch Mäusezähnchen und sogar ganze Mäuseschädel sind zu finden.

Mach mit! – Eulen im Garten?

Wer in Sommernächten hohe, durchdringende Rufe hört, hat vielleicht das Glück, bei Tageslicht junge Waldohreulen zu entdecken. Die Jungen kraxeln nach Verlassen des Nestes zwei Wochen lang als „Ästlinge" von Ast zu Ast und sitzen tagsüber wie Plüschtiere in den Bäumen. Später, wenn sie fliegen können, verteilen sie sich, werden aber noch wochenlang gefüttert. Ihre nächtlichen Bettelrufe sind nicht zu überhören: „Ihjäh …"

Junge Waldohreulen werden nicht selten in Gärten mit Nadelbaumgruppen aufgezogen und können auch tagsüber beobachtet werden (links ein Altvogel, rechts ein Junges).

Waldohreule und Waldkauz sind noch unsere häufigsten Eulen. Alle anderen Arten sind durch menschliche Eingriffe im letzten Jahrhundert selten geworden. Wie für Greifvögel sind auch für die Eulen Schutzprogramme nötig, um ihre Bestände zu retten oder zu verbessern. Dem in Deutschland schon fast ausgerotteten Uhu konnte durch solche Maßnahmen bereits spürbar geholfen werden.

Waldohreulen versammeln sich im Winter oft in Bäumen auf Friedhöfen, in Gärten oder Alleen, wo sie tagsüber ruhen. Unter solchen „Schlafbäumen" sind viele Gewölle zu finden *(s. S. 93).*

junge Waldohreule

Junge Eulen verlassen das Nest oder die Höhle schon lange, bevor sie fliegen können. In dieser Zeit werden sie „Ästlinge" genannt.

Waldohreule

Waldohreule

Größe: etwa so groß wie eine Krähe

Lebensraum: nicht im geschlossenen Wald, sondern in kleinen Wäldchen, auf Friedhöfen und in Gärten

Nistplatz: gerne in kleineren Nadelbaum-Gruppen, in alten Nestern von Krähen und Elstern

Rufe: Revierruf des Männchens: ein gehauchtes „Huh"; Warnruf von Männchen und Weibchen: ein schrilles „Uäk"; Jungvögel außerhalb des Nestes: ein hoher, fiepender Bettelruf „Ihjäh", nachts oft stundenlang

Waldkauz

Waldkauz

Größe: etwas kleiner als ein Bussard

Lebensraum: lichte Wälder mit Altholz, Friedhöfe, große Gärten, Städte

Nistplatz: vor allem in Baumhöhlen, auch in Mauerlöchern oder anderen Höhlen

Rufe: Revierruf des Männchens: ein weit zu hörendes, unheimlich klingendes „Huuuh-hu-huhuhuhuhuuh" (Eulenrufe in TV-Krimis stammen meistens vom Waldkauz); Männchen und Weibchen: ein sehr lautes und schrilles „Kuit", das mit dem Erregungsruf des Steinkauzes zu verwechseln ist

Steinkauz

Steinkauz

Größe: etwa so groß wie eine Taube

Lebensraum: offenes Kulturland mit Wiesen und altem Baumbestand

Nistplatz: vor allem in Baumhöhlen, aber auch in Höhlen und Nischen von Scheunen oder Höfen

Rufe: Revierruf des Männchens: ein leicht nach oben gezogenes „Uuugh“, bei der Balz auch in ein mehrfach wiederholtes, scharfes „Kwiju“ übergehend;
Rufe von Männchen und Weibchen: gellend „Kwiff-kwiff-kwiff“, auch „Kuwitt“ oder Laute wie „Kekekek“

Schleiereule

Uhu

Größe: bis zu 75 cm Körperhöhe, ca. 180 cm Flügelspannweite, größte Eule der Welt

Lebensraum: bevorzugt offene Waldgebiete mit Felsen und Schluchten

Nistplatz: in hohen Felswänden, Steinbrüchen, Burgen, Ruinen

Rufe: ein tiefes, klangvolles „Buuho“ oder „Uho“ (deshalb auch der lateinische Name „Bubo bubo“ und sein deutscher Name „Uhu“)

Uhu

Der Uhu brütet gerne in Felswänden und Steinbrüchen, aber auch in großen alten Horsten von Greifvögeln oder in Mulden am Boden. Auch Bruten an Gebäuden wie Burgen und Kirchen kommen vor.

Schleiereule

Größe: etwa so groß wie eine Krähe

Lebensraum: Dörfer und Kleinstädte

Nistplatz: in alten Scheunen, in Kirchtürmen und auf Dachböden; die Eier werden auf eine Schicht aus alten Gewöllen gelegt, kein Nestbau

Rufe: Männchen und Weibchen schnarchend und röchelnd „Chrüü“, auch kreischend „Chchrrriiiih“

Amselnest mit Eiern an einer begrünten Hauswand

Vogeleier und Nester

Vogelnester sind immer wieder faszinierend. Vor allem dann, wenn Eier darin liegen oder sich flaumige kleine Nestlinge dicht aneinanderschmiegen. Aber Vorsicht! Fast alle Vogelarten reagieren empfindlich auf Störungen am Nest, was dazu führen kann, dass sie ihr Gelege oder die Jungen verlassen. Deshalb darf ein Brutplatz in der Regel nur aus der Entfernung beobachtet werden.

Nur einige Vögel, z. B. Amseln, die in Hausnähe brüten, sind weniger scheu und erlauben uns hin und wieder einen flüchtigen und behutsamen Blick in ihr Nest hinein.

brütendes Amselweibchen

Auf der Suche nach leeren Eierschalen

Ein Erlebnis voller Überraschungen und keine Störung für die Vögel ist die Suche nach leeren Eierschalen. Sie sind vor allem zwischen Mai und Juli zu finden, denn bis dahin haben die meisten Vogelarten mindestens eine Brut aufgezogen. Die Schalen liegen dann frei auf dem Boden im Garten, im Wald, auf dem Schulhof und sogar auf dem Bürgersteig. Aber wie kommen sie hierher?

Wie alle Singvögel tragen auch Goldhähnchen die Eierschalen vom Nest weg. So wird der Nistplatz nicht verraten.

Sofort nach dem Schlüpfen werden die Eierschalen von den Vogeleltern aus dem Nest geschafft. Damit der Brutplatz aber nicht durch Schalenstücke und Gerüche verraten wird, fliegen die Alten erst ein Stück vom Nest weg, bevor sie die Schalen fallen lassen.

Geschlüpft oder gefressen?

An den Eierschalen kann man erkennen, ob ein Vogel geschlüpft ist oder das Ei ausgefressen wurde: Wenn ein Küken schlüpft, ritzt es die Schale von innen mit einem auf dem Schnabel sitzenden, winzigen Eizahn meistens kreisförmig an. Dabei zerbricht das Ei in zwei „Hälften".

So sieht ein Ei aus, das ausgepickt wurde. Krähen, Elstern oder Eichelhäher hinterlassen solche Löcher in den Eiern.

Kleine Amseln sind noch blind, nackt und völlig hilflos, wenn sie schlüpfen. Sie gehören wie viele andere Jungvögel (vor allem junge Singvögel) zu den Nesthockern.

Im Gegensatz zu ihnen tragen die Küken von Nestflüchtern, z. B. kleine Gänse, schon ein dichtes Dunenkleid und können das Nest bereits kurz nach dem Schlüpfen verlassen.

So sehen die Schalen aus, wenn ein Küken geschlüpft ist.

Amselnestling

Auf dem braunen Nadelboden sind die türkisen Schalenreste des Singdrossel-Eies gut zu erkennen.

Wo auf Suche gehen?

In einem älteren Fichtenhochwald hat man gute Chancen, Eierschalen von Amseln, Singdrosseln, Buchfinken, Rotkehlchen, Goldhähnchen oder Tauben zu finden. Auf dem braunen Nadelboden kann man sie zudem gut erkennen.

Beachte: Durchstreife keinen Wald und kein Gelände, wo der Boden dicht mit Kräutern und Sträuchern bewachsen ist. Dort störst du zu sehr alle die Tiere, die hier leben, brüten oder Ruhe suchen, und du würdest auch zu viele Pflanzen zertreten.

Im Laufe des Sommers zerbröckeln die Eierschalen oder werden von Schnecken gefressen. Zum Hausbau braucht man Kalk!

Mach mit! – Schalenreste mit Gips ausgießen

Wenn du Schalenreste von Vogeleiern findest, kannst du sie mit Gips ausgießen. So bleiben sie viele Jahre haltbar.

Für ein halbes Singdrossel-Ei brauchst du:
- *1 kleinen Joghurtbecher zum Anrühren*
- *1 Esslöffel Wasser und 1 gehäuften Esslöffel Gips*

Forme zuerst einen Ring aus Knete, damit die Eierschale nicht kippen kann.

Schütte den Gips in das Wasser und rühre um. Lasse dann den Gips in die Eischale tröpfeln. Wasche dir gleich nach dem Ausgießen die Hände, denn Gips ist leicht ätzend, wenn er trocknet.

← Ring aus Knete

Mit Gips gefüllte Eierschalen kannst du jahrelang in einer kleinen Schatzdose aufbewahren, ohne dass sie zerbrechen.

Beachte: Nimm niemals ein Ei aus einem Nest! Nimm auch keine Eier, die am Boden liegen und noch vollständig sind. Sammle also nur Schalenreste.

Sommer-goldhähnchen · Tannenmeise · Blaumeise · Kohlmeise · Zaunkönig · Mönchsgrasmücke · Mehlschwalbe · Heckenbraunelle

Buchfink · Kleiber · Rotkehlchen · Haussperling · Feldlerche · Singdrossel · Amsel

Die Farben von Vogeleiern

Die Färbung der Vogeleier dient in der Regel der Tarnung. Am Boden sind sie meistens bräunlich (z. B. Feldlerche), an schattigen Stellen wie in Hecken und Bäumen blaugrün (z. B. Amsel) und in Höhlen, wo sie keine Tarnung brauchen, weiß oder hell (z. B. Meisen).

Star · Ringeltaube · Stockente

(Abbildungen in natürlicher Größe)

In der Natur gibt es für die Grundfärbung der Eierschalen nur zwei Farbstoffe: ein Blau und ein Braun. Beide Farben zusammen ergeben Farbtöne von Hellbeige bis Türkis. Hinzu kommt oft eine schwarze, braune oder rötliche Sprenkelung.

Mach mit! – Cyanblau + Ockergelb = ?

Wie viele Farbtöne kannst du malen, wenn dir nur zwei Farben – ein Cyanblau und ein Ockergelb – zur Verfügung stehen? Probiere mit Pinsel und Deckfarben die verschiedensten Kombinationen aus: ein pures Blau mit reichlich Wasser (Star), ein ganz zartes Blau gemischt mit einem ebenso zarten Gelb (Zaunkönig) usw. – Gelingt es dir auch, ein Amsel-Ei zu malen?

Tipp: Male auch einmal zunächst das Gelb und erst nach dem Trocknen das Blau darüber.

Rotkehlchen

Nistplatz: vor allem am Boden und in Bodennähe, z. B. in ausgefaulten Baumstümpfen, auch in geräumigen Halbhöhlen

Nest: ein Napf aus Moos und Halmen, mit Tierhaaren und feinen Wurzeln ausgepolstert, meistens mit einem „Vorbau“ aus Blättern (zur Tarnung)

Rotkehlchen

Zaunkönig

Zaunkönig

Nistplatz: besonders gerne in Efeu, im Unterholz und in den Wurzeltellern umgefallener Bäume, auch in Halbhöhlen

Nest: ein weiches, kugelförmiges Moosnest mit seitlichem Einschlupfloch, außen mit Farnkraut, Blättern oder auch Ästchen getarnt, mit vielen Federn weich gepolstert (bei seinen „Schlafnestern“, die nicht zum Brüten benutzt werden, fehlt die Innenauskleidung)

Dieser an einer Haustür hängende Strohblumenkranz verlockte einen Zaunkönig dazu, genau in das Kranzloch sein Kugelnest zu bauen und dort seine Jungen aufzuziehen. Zur großen Überraschung und Freude der Hausbewohner!

Buchfink

Nistplatz: meistens mehrere Meter hoch in Laubbäumen

Nest: ein kunstvoll gebautes, dickwandiges, stabiles Näpfchen aus feinen Pflanzenfasern und Moos, außen mit eingearbeiteten Flechtenstückchen, innen mit Tierhaaren und Federn

Buchfink

Singdrossel

Singdrossel

Nistplatz: versteckter als ein Amselnest, häufig in Fichten, meistens 1-3 m hoch

Nest: ähnlich wie ein Amselnest (s. S. 96), aber im Inneren glatt ausgestrichen mit einer Masse aus Holzfasern, Speichel und Erde; der von einem alten Nest übrig bleibende Innenteil erinnert an eine halbe Kokosnuss und ist vor allem im Fichtenwald auf dem Boden zu finden

Mönchsgrasmücke

Nistplatz: in Büschen, Hecken, jungen Bäumchen, auch in Brennnesseln (meistens in etwa 1 m Höhe)

Nest: ein ganz lockeres, „durchsichtiges" Nest aus feinen Hälmchen, manchmal auch mit Tierhaaren ausgekleidet

Mönchsgrasmücke

Mach mit! – Ein Kranz für kleine Könige

Wenn du weißt, dass Zaunkönige in deiner Umgebung leben, dann kannst du ihnen einen Nistplatz anbieten: Gerne bezieht der kleine Kerl zum Beispiel Nistbeutel aus Naturfasern, die – getarnt und regengeschützt – an Wände gehängt werden. Oder einen Kranz aus Trockenblumen (s. S. 100) ... Probiere das doch einmal. Viel Glück!

Natürliche Baumhöhlen werden gerne von Meisen als Nistplatz genutzt.

Tannenmeise

Nistplatz: in Höhlen, die meistens niedrig oder am Boden liegen, z. B. in morschen Baumstümpfen, Mauselöchern oder Mauerspalten

Kohlmeise

Nistplatz: oft in Nistkästen, auch in natürlichen Höhlen (z. B. Baumhöhlen, Mauerlöcher), nicht so niedrig wie Tannenmeise

Nest einer Kohlmeise

Typisch für alle Meisen ist ein weiches, mit viel Wolle ausgepolstertes Nest aus Moos und Hälmchen.

Blaumeise

Nistplatz: wie Kohlmeise, in natürlichen Höhlen meistens in 2-4 m Höhe (höher als Kohlmeise)

Mach mit! – *Einen Nistkasten bauen*

Für einige Vogelarten, die in Höhlen brüten, kannst du Nistkästen bauen und aufhängen, am besten schon im Februar. Wenn dein Nistkasten angenommen wird, wirst du spannende Beobachtungen machen!

Kästen mit einem runden Einflugloch werden meistens von Kohlmeisen oder Blaumeisen bezogen. Aber auch Tannenmeisen, Stare, Feldsperlinge, Kleiber und Trauerschnäpper nehmen gerne solche „Meisenkästen“ an (je nach Lochgröße).

Vögel wie Hausrotschwanz und Grauschnäpper ziehen in Kästen mit halboffener Vorderwand (Halbhöhlen) ein. Auch Zaunkönig und Rotkehlchen brüten manchmal hier.

Hier bezieht eine Tannenmeise einen Nistkasten. Meistens brütet sie aber in Höhlen in Bodennähe.

Bauanleitung für Nistkästen

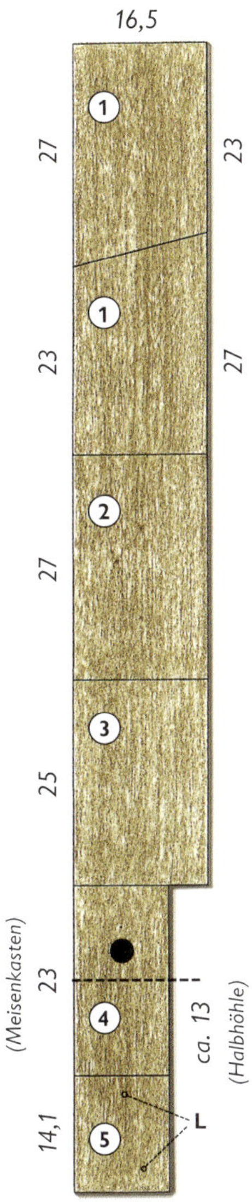

Maßstab 1:10
Maße in cm

(1) Seitenwände
(2) Rückwand
(3) Dach
(4) Vorderwand
(5) Boden

H = Haken
L = Ablauflöcher
S = Schrauben als Drehachse

Holz:
1 Brett (ungehobelt und unbehandelt)
Breite: 16,5 cm
Länge: mind. 140 cm
Stärke: 2,4 cm
besser Schrauben als Nägel verwenden

Einflugloch:
∅ 26 mm für Blaumeisen
∅ 32 mm für Kohlmeisen
rechteckige Öffnung für Halbhöhlenbrüter

Aufhängen:
- in 2-4 m Höhe
- katzensicher und vor praller Sonne geschützt
- Einflugloch nach Südosten

Reinigen:
- altes Nest am besten an kalten Wintertagen entfernen (Vogelflöhe etc. sind dann in Starre), Handschuhe tragen, Nest bei Befall von Parasiten entsorgen

Meisenkasten

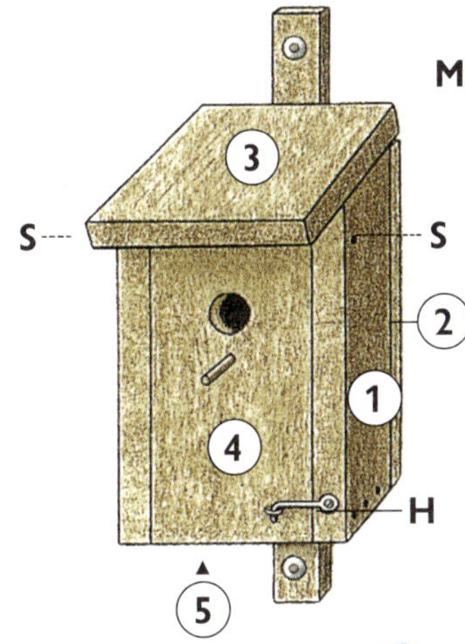

Anflughilfen unter dem Einflugloch sind bei ungehobeltem Holz nicht notwendig.

Kohlmeise

Blaumeise

Meisen brüten zwischen April und Juni in der Regel zweimal.

Halbhöhle

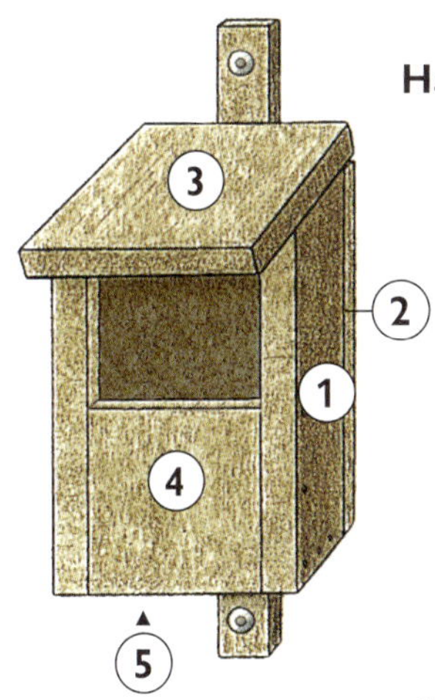

Hausrotschwanz (Männchen)

Auch Grauschnäpper und Bachstelze sind typische Halbhöhlenbrüter.

Das Dach jeweils mit einem Stück Teerpappe vor Nässe schützen (Pappnägel verwenden)

In diesem Nistkasten schlief eine Haselmaus in einem alten Meisennest unter einer Decke aus eingetragenem Laub. Also beim Reinigen aufpassen und einen solchen Kasten voller Laub erst im Mai leeren, wenn die Haselmaus (s. S. 19 u. 55) aus ihrem Winterschlaf erwacht und ausgezogen ist!

Haselmaus im Winterschlaf

„Glücksfeder" eines Eichelhähers in 2-facher Vergrößerung

Wer findet eine Glücksfeder?

Himmelblau-weiß-schwarz gestreift ist sie und gehört zu den schönsten Federn der bei uns lebenden Wildvögel. Außerdem verspricht sie dem Finder nach altem Glauben Glück. Deshalb wird die kleine Eichelhäherfeder von Jägern gerne an den Hut gesteckt und von vielen Menschen sorgfältig in Brieftaschen geschoben oder in Kästchen gelegt und jahrelang aufbewahrt.

Als „Glücksfedern" werden die leuchtend blauen Deckfedern des Eichelhähers bezeichnet.

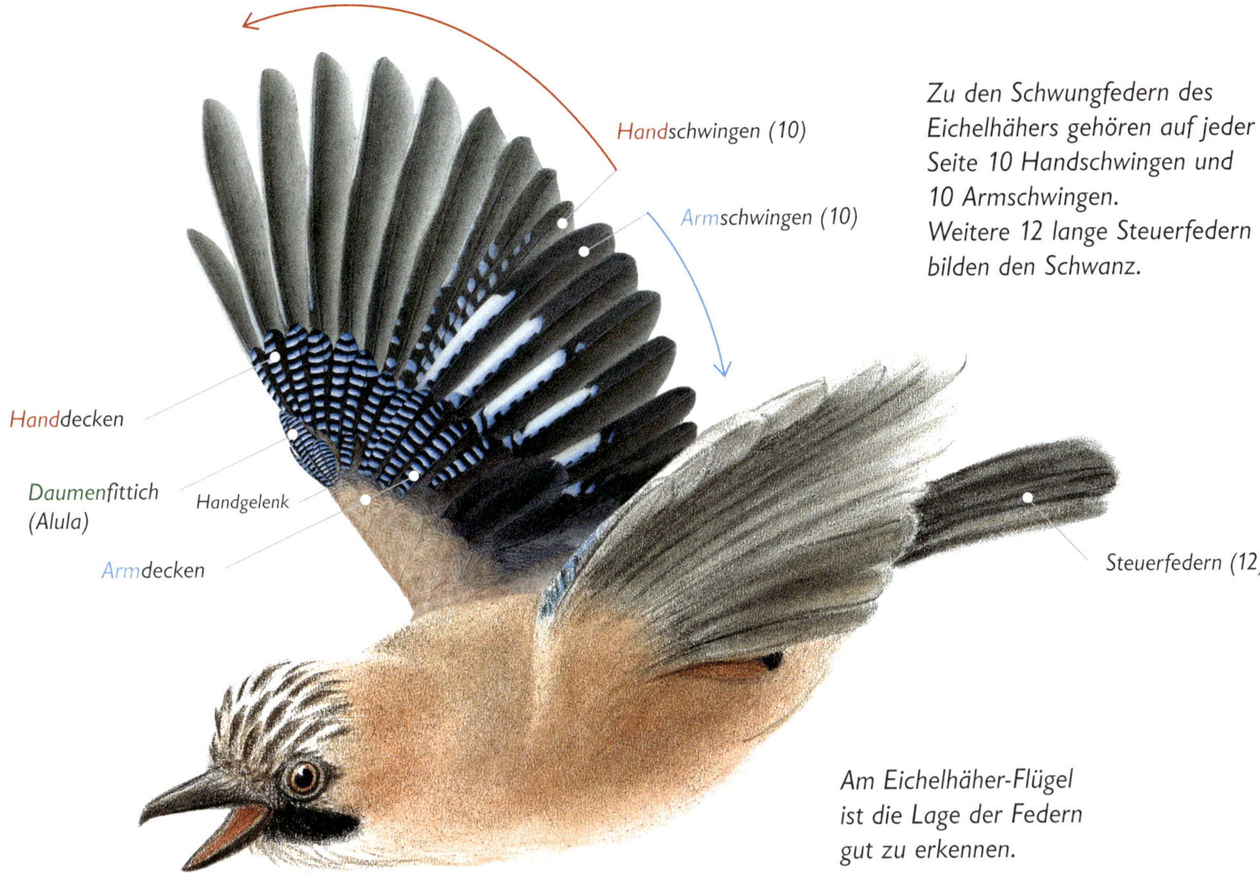

Zu den Schwungfedern des Eichelhähers gehören auf jeder Seite 10 Handschwingen und 10 Armschwingen.
Weitere 12 lange Steuerfedern bilden den Schwanz.

Am Eichelhäher-Flügel ist die Lage der Federn gut zu erkennen.

Mach mit! – Federn unter Folie

Weißt du, wie man eine Feder viele Jahre lang aufbewahren kann, ohne dass sie verstaubt oder von Insektenlarven gefressen wird? Klebe sie unter Folie!
Vor dem Foliieren am besten zunächst mit etwas doppelseitigem Klebeband auf festem Papier fixieren.

Nimm aber nur einzelne schöne, saubere und nicht zerzauste Federn.

Hinweis: Für den Besitz von Federn der **streng** geschützten Arten besteht eine Nachweispflicht (§ 46 BNatSchG). Zu den streng geschützten Vögeln gehören z. B. alle Greifvögel und Eulen. (s. Anmerkungen zum Naturschutz ab S. 139)

Federleicht und stabil

Eine Feder ist eine großartige Erfindung der Natur: Sie ist federleicht und stabil zugleich. Leicht muss sie sein, damit der Vogel kein zusätzliches Gewicht tragen muss, und stabil muss sie sein, damit sie dem Druck, der beim Fliegen entsteht, standhalten kann. Wenn sie trotzdem einmal aufreißt – zum Beispiel bei Sturm oder bei einem Kampf – kann sie mühelos mit dem Schnabel wieder glatt gestrichen und somit repariert werden. Und wenn sie zu sehr abgenutzt ist, fällt sie einfach aus und wird in wenigen Tagen durch eine neue ersetzt.

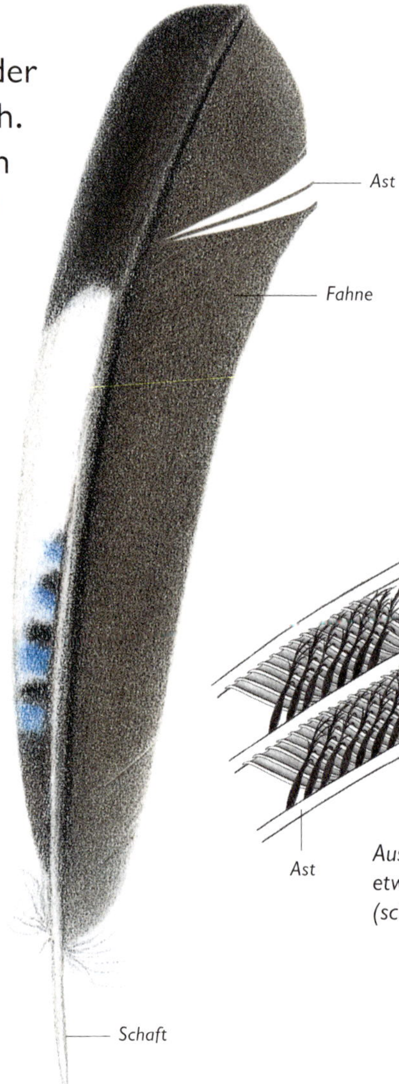

Eine Federfahne setzt sich aus einigen Hundert Ästen zusammen. An diesen Ästen liegen zu beiden Seiten Strahlen. Durch winzige Häkchen werden die Strahlenreihen ähnlich wie bei einem Klettverschluss miteinander verbunden.

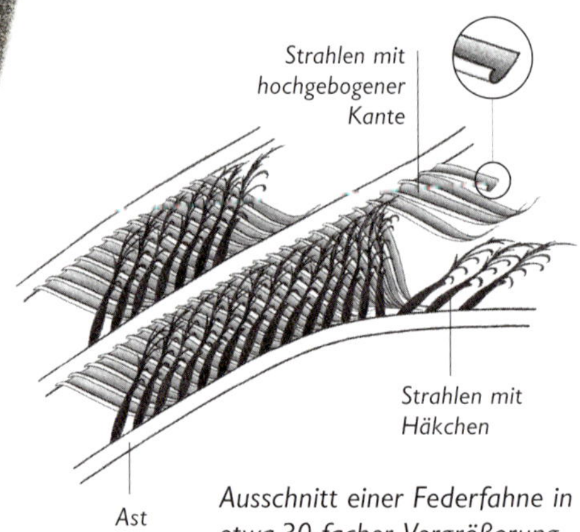

Ausschnitt einer Federfahne in etwa 30-facher Vergrößerung (schematische Darstellung)

Mach mit! – Schnell repariert

Ein Vogel kann eine aufgerissene Feder mit dem Schnabel leicht wieder glatt streichen. Probiere du das doch auch einmal: Reiße eine noch geschlossene Feder auf und streiche dann die geöffnete Stelle mit Daumen und Zeigefinger glatt. Mit einer guten Lupe oder einem Mikroskop kannst du den „Verschluss" erkennen.

Beachte: Die Vogelgrippe ist eine Tierkrankheit, die vor allem für Hühner- und Wasservögel gefährlich ist. Menschen erkranken nur äußerst selten und nur dann, wenn sie sehr engen Kontakt mit kranken Tieren hatten. Weil aber auch Vogelfedern vom Vogelgrippe-Virus befallen sein können, sollte man sich – solange mit Vogelgrippe-Fällen zu rechnen ist – nach dem Anfassen von Federn die Hände waschen und besonders an Seen oder in Parks keine Federn sammeln.

Abgebissen oder ausgerupft?

Bei jeder Wanderung kann man einzelne Federn auf dem Boden finden, die von einem Vogel abgeworfen wurden. Wenn aber viele Federn dicht beieinander an einer Stelle liegen, hat man eine Rupfung entdeckt. Doch wer war der Beutegreifer? Der Fuchs? Ein Habicht? Wenn die Federn abgebissen wurden, kommt ein Raubtier wie Fuchs oder Marder in Frage. Wenn aber alle Federn noch unversehrt oder nur leicht geknickt sind, also ausgerupft wurden, war in der Regel ein Greifvogel auf Beutefang. Auch einige Eulen jagen Vögel. Ihre Rupfungen sind aber nur selten zu finden.

Habicht-Rupfung unter einer Fichte

Diese Taubenfedern wurden nicht ausgerupft, sondern abgebissen.

Hier war ein alter Baumstumpf der Rupfplatz eines Sperbers: 18 „Glücksfedern" ließen unschwer erkennen, dass ein Eichelhäher der „Pechvogel" war.

Habichte erbeuten größere Vögel wie Tauben, Eichelhäher und Spechte bis hin zu Hühnern und Enten. Sperber fressen hauptsächlich Singvögel bis Amselgröße. Die größeren Sperberweibchen schlagen aber auch taubengroße Vögel.

Habicht und Sperber fressen ihre Beute in einer Deckung, z. B. am Waldrand. Der Sperber wählt als Rupfplatz häufig einen Baumstumpf.

Sperber

Habicht

„Glücksfedern" des Eichelhähers

Eine Eulenfeder (3 und 4) erkennt man beim Fühlen: Ihre Oberfläche ist flaumweich.

Hier zu sehen sind solche Federn, die man immer wieder einmal finden kann und die aufgrund ihrer Färbung gut zu bestimmen sind.

1 Eichelhäher
2 Mäusebussard
3 Waldohreule
4 Waldkauz
5 Ringeltaube
6 Elster
7 Eichelhäher
8 Buntspecht
9 Grünspecht
10 Singdrossel
11 Grünfink
12 Hausrotschwanz
13 Blaumeise
14 Haussperling
15 Zaunkönig
16 Blaumeise
17 Fasan
18 Buntspecht
19 Rotkehlchen

Mauereidechse in felsiger Umgebung – durch ihre Musterung perfekt getarnt

Reptilien

Manche unserer heimischen Reptilien huschen auf vier flinken Beinen über trockenes Holz oder steile Gemäuer, andere sind beinlos und bewegen sich deshalb schlängelnd fort. Allen gemeinsam aber ist die von Schuppen bedeckte Haut, die sie vor dem Austrocknen schützt.

Dieser Sonnenschutz erlaubt es den wärmeliebenden Reptilien im Gegensatz zu den Amphibien, ausgiebige Sonnenbäder zu nehmen. Umso schneller sind sie schon bei der geringsten Störung aus unserem Blickfeld verschwunden.

Junge Waldeidechse an einem kühlen Sommertag

Eidechsen

Auf dem Weg liegt etwas Längliches, Dunkles. Ein Ästchen? Halt, da bewegte sich doch etwas! – Erst beim näheren Hinsehen können wir erkennen, dass es eine junge, noch ganz kleine Eidechse ist. Hier auf dem Weg kann sie nicht liegen bleiben, das wäre zu gefährlich. Sie rührt sich kaum, weil es an diesem Tag so kühl ist, aber auf der warmen Hand wird sie bald ein bisschen zappeliger. Wie fein die winzigen Zehen sind! Kaum zu spüren ist dieses federleichte Tierchen, und wunderschön!

Eidechsen suchen auf asphaltierten Wegen die gespeicherte Sonnenwärme des Tages.

Begegnungen mit Eidechsen sind meistens nur flüchtig: Ein Huschen durchs Gras oder über warme Steine, auf denen sie sich gerne sonnen – und schon sind sie verschwunden. Eidechsen sind *Kriechtiere (= Reptilien)*. Zu dieser Gruppe gehören auch die Blindschleichen und Schlangen. Sie zählen zu den *wechselwarmen* Tieren, das heißt, ihre Körpertemperatur gleicht sich der Umgebungstemperatur an. So können sich Eidechsen an kühlen Tagen nur langsam bewegen und verstecken sich deshalb, während sie bei Wärme ausgesprochen flink sind.

Waldeidechse
(Bergeidechse, Mooreidechse)

Aussehen: dunkelbraun, weniger gemustert als die Zauneidechse; Jungtiere schwärzlich

Entwicklung: lebendgebärend, d.h. die Jungen entwickeln sich vollständig im Mutterleib und schlüpfen noch während der Geburt aus den Eihüllen (so kann die Art auch in Gebieten mit rauerem Klima ohne sonnig-warme Eiablagestellen leben)

Vorkommen: an Waldrändern, in Mooren, auch in höheren Gebirgslagen

5 bis 14 junge Zauneidechsen schlüpfen aus weichschaligen Eiern, die in lockerem Boden vergraben wurden.

Zauneidechse

Aussehen: auffallend sind die in Reihen angeordneten dunklen Flecken mit hellen Punkten; die erwachsenen Männchen sind im Frühjahr an den Körperseiten grün gefärbt

Entwicklung: die weißen, weichschaligen Eier werden in lockeren Boden gelegt und von der Sonne ausgebrütet

Vorkommen: in sonnigen Gebieten mit wenig Pflanzenbewuchs, sehr wärmeliebend

Mauereidechse

Aussehen: sehr unterschiedlich gefärbt und gemustert; Schwanz auffallend lang

Besonderes Kennzeichen: überaus flink; kann sogar an senkrechten Mauern auf- und abklettern

Entwicklung: Eier werden in selbst gegrabenen Gängen oder unter Steinen abgelegt

Vorkommen: besonnte Felsen, altes Mauerwerk (Name!), z. B. Trockenmauern in Weinbergen

Bei Gefahr können Eidechsen ihren Schwanz abwerfen. Er wächst nach, ist dann aber kürzer.

Blindschleiche am frühen Abend auf einem von der Sonne erwärmten Asphaltweg

Von Schleichen und Schlangen

Silbrig und rötlichbraun glänzt die glatte Schuppenhaut der Blindschleiche im Sonnenlicht. Weil dieser Glanz auffallend „blendend“ ist, gab er der scheuen Schleiche den Namen „Blindschleiche“.

Blind ist sie aber nicht. Und sie ist auch keine Schlange, auch wenn ihr lang gestreckter, beinloser Körper einer Schlange zum Verwechseln ähnlich sieht. Die Blindschleiche ist sogar näher mit den Eidechsen verwandt als mit den Schlangen. Jeder, der dieser „beinlosen Echse“ einmal aus der Nähe in ihre kleinen Augen blickt oder genau beobachtet, wie sie sich fortbewegt, kann wichtige Unterschiede zwischen Schleichen und Schlangen erkennen.

Wie Blindschleichen und Schlangen sich schlängeln

Die Bewegungen einer Blindschleiche wirken oft steif, manchmal beinahe unbeholfen. Vor allem dann, wenn sie sich gerade auf einem ebenen Untergrund befindet, z. B. auf einem Asphaltweg, wo sie sich gerne aufwärmt. Wenn sie dann plötzlich flüchten muss und versucht, das schützende hohe Gras am Wegrand zu erreichen, windet sie sich hastig hin und her und kommt doch nur stückchenweise vorwärts. Warum gleitet sie nicht kraftvoll, geschickt und geschmeidig wie eine Schlange?

Schlangen haben bewegliche Bauchschuppen und bewegliche Rippen. Zum Vorwärtsgleiten werden die Rippen nacheinander nach vorne bewegt, gleichzeitig werden die mit ihnen verbundenen breiten Bauchschuppen aufgerichtet und gegen den Boden gestemmt. Wenn dann die Schuppen wieder angelegt werden, schiebt sich der Körper nach vorne. Diese Bewegungen laufen wellenartig ab.

Eine Blindschleiche hat aber keine beweglichen Bauchschuppen. Ihre Unterseite ist ganz glatt. Deshalb kann sie sich nur fortbewegen, indem sie ihren Körper gegen ein Widerlager aus Moos, Gräsern, Stängeln oder Steinchen stemmt und sich dann abdrückt. Bei abwechslungsreichem Bewuchs geht das problemlos, mühsam aber ist es, wenn die Blindschleiche z. B. auf einer Straße liegt.

Mit ihren beweglichen Bauchschuppen kann sich eine Schlange vom Boden abstoßen.

Der starre Blick der Schlangen

Blindschleichen können ihre Augen schließen. Das ist bei Schlangen nicht möglich, denn ihre Augen haben keine Augenlider, sondern werden von einer durchsichtigen, unbeweglichen Schuppe bedeckt. Dadurch bleibt das Schlangenauge immer offen, was ihm den starren, „kalten" Blick gibt.

Blindschleiche

junge Ringelnatter

Blindschleichen können ihre Augen schließen, Schlangen nicht.

Blindschleichen brauchen einen natürlichen Untergrund, um sich gut fortbewegen zu können.

Ei und frisch geschlüpftes Jungtier

Blindschleiche

Aussehen: *schlangenförmig, glänzend, Kopf ähnlich wie bei einer Eidechse (mit der sie näher verwandt ist als mit den Schlangen)*

Länge: *30-50 cm*

Entwicklung: *Junge schlüpfen sofort nach der Eiablage aus durchsichtigen Eihüllen; sie sind etwa 8 cm lang und von Anfang an sich selbst überlassen*

Lebensraum: *lichte Laubwälder, Wegränder, naturnahe Gärten; weit verbreitet*

Verhalten: *für Menschen völlig harmlos, kann bei Gefahr den Schwanz abwerfen*

Schon gewusst?

Blindschleichen sind keine Schlangen, auch wenn sie sich zum Verwechseln ähnlich sehen!

So wird der Feind abgelenkt: Die Blindschleiche wirft bei einem Angriff ihren Schwanz ab.

Rettung in letzter Sekunde

Wenn eine Blindschleiche gepackt wird, kann sie wie eine Eidechse im Nu ein Stück von ihrem Schwanz abwerfen. Es zappelt dann stark und noch minutenlang und lenkt so den Angreifer von der flüchtenden Blindschleiche ab. An der Bruchstelle bildet sich ein kurzer Stummel. Die natürlichen Feinde sind Krähen und Greifvögel, Schlangen, Spitzmäuse, Fuchs und Marder und nicht zuletzt Katzen.

Blindschleiche

Schneckenfresser

Blindschleichen fressen besonders gerne Regenwürmer und Nacktschnecken, die sie mit ihren spitzen Zähnchen packen. Mit Blindschleichen und Erdkröten im Garten ist so schnell keine Schneckenplage zu befürchten!

Mach mit! – Keine Angst vor Blindschleichen!

Blindschleichen leben scheu und versteckt zwischen Gräsern und Kräutern. Aber zum Sonnenbaden legen sie sich gerne auf warme Steine oder Böden. Deshalb kannst du sie auch an offenen Wegrändern entdecken. Wenn du einmal eine Blindschleiche leicht berührst, wirst du dich wundern, wie glatt und stramm sie sich anfühlt, und verstehen, warum sie früher „Hartwurm“ genannt wurde.

Schlangen, Blindschleichen und Eidechsen riechen mit der gespaltenen Zunge, die sie in Sekundenschnelle immer wieder ausstrecken („Züngeln“).

Ringelnatter

Besonderes Kennzeichen: am Hinterkopf zwei gelbliche, halbmondförmige Flecken

Länge: 75 cm bis über 100 cm

Entwicklung: im Sommer werden die Eier z. B. in Laub- oder Komposthaufen gelegt; nach einigen Wochen schlüpfen die Jungen

Lebensraum: feuchte Wälder, Sumpfgebiete, Gewässer, auch in Gärten mit Teichen

Verhalten: für Menschen ungefährlich; kann aber bei Gefahr zischen und ihre Stinkdrüsen entleeren; schwimmt sehr gut

Nahrung: vor allem Amphibien wie Erdkröten, Grasfrösche, Wasserfrösche und Molche

Kreuzottern sind vielfältig gefärbt, die Männchen eher grau mit dunkler Zeichnung, manchmal auch ganz schwarz, die Weibchen häufiger braun mit weniger deutlich abgesetztem Rückenmuster.

Kreuzotter

Kreuzottern haben eine schlitzförmige, senkrechte Pupille, Ringelnattern eine runde.

Reptilien wachsen ein Leben lang. Weil ihre Haut aber nicht mitwächst, müssen sie sich von Zeit zu Zeit häuten.
Schlangen streifen ihre alte Haut als Ganzes ab. Die zurückbleibende Hülle wird als „Natternhemd“ bezeichnet.

Kreuzotter

Besondere Kennzeichen: dunkles Zickzack-Band auf dem gesamten Rücken (kann in manchen Gebieten auch fehlen), auf dem Kopf eine Zeichnung, die wie ein „X“ oder „Y“ aussieht

Länge: 50-80 cm

Entwicklung: sofort nach der Eiablage schlüpfen fertig entwickelte Junge

Lebensraum: z. B. lichte Mischwälder, Moorgebiete, buschige Feuchtwiesen

Verhalten: jagt meistens nachts, tötet das Beutetier (vor allem Mäuse) mit einem Giftbiss; flüchtet normalerweise vor Menschen

Schon gewusst?

In Deutschland leben sieben Schlangenarten: fünf Nattern (Ringelnatter, Barrenringelnatter, Würfelnatter, Glatt- oder Schlingnatter und Äskulapnatter) und zwei Vipern (Kreuzotter und Aspisviper).
Keine dieser sieben Arten ist angriffslustig. Die beiden Vipern sind zwar Giftschlangen, ihr Biss ist aber selten und für den Menschen in der Regel nicht lebensbedrohlich.

Die scheue Kreuzotter beißt nur, wenn man versehentlich auf sie tritt oder wenn sie in die Enge getrieben wird. Feste Schuhe und lange Hosen sind deshalb in Gebieten, wo die seltene Kreuzotter vorkommt, die beste Vorbeugung.

Grasfrosch während seines Landlebens an einem kühlen Herbstmorgen

Amphibien

Kühl und feucht fühlt sich die glatte Haut eines Frosches an und lässt begreifen, dass seine Vorfahren vor unvorstellbar langer Zeit fischähnliche Lebewesen waren. Diese verließen vor etwa 350 Millionen Jahren das Wasser der vorzeitlichen Urwaldsümpfe und eroberten als erste Wirbeltiere das feste Land.

Jahrmillionen hat dieser Prozess gedauert, und bis zur heutigen Zeit erinnert uns die Abhängigkeit der Amphibien von Feuchtigkeit und Wasser an ihre beeindruckende Vergangenheit.

Erdkröte beim Rückzug in ihr Tagesversteck

Kröten, Frösche und Unken

Rotgolden glänzen die großen Augen einer Erdkröte, und sie bleiben fast bewegungslos, wenn wir in sie hineinblicken, ohne ein Zeichen von Angst oder Abwehr oder Erkennen. So, als würden sie uns gar nicht sehen.

Aber die Kröte nimmt jede Bewegung in ihrer Umgebung wahr. Wenn es ihr zu ungemütlich oder gefährlich wird, verkriecht sie sich im nächsten dunklen Schlupfwinkel, auch rückwärts, oder gräbt sich mit den Hinterbeinen in den weichen Waldboden ein. Und wenn sie dazu keine Gelegenheit hat, weil sie vielleicht gerade von einer Hand hochgehoben wird, dann „pinkelt" sie manchmal ganz unerwartet. Das hilft, um schnell wieder losgelassen zu werden. Sie kann aber noch mehr: alle vier Beine strecken und sich aufblähen. In dieser Drohhaltung wirkt sie viel größer und stärker.

Erdkröte in Drohhaltung

Krähen, Eulen, Ringelnatter, Iltis, Steinmarder und Dachs gehören zu den zahlreichen natürlichen Feinden der Erdkröte.

Ihre Drohhaltung zeigt die Kröte vor allem, wenn sie einer Ringelnatter begegnet.

Waldkauz

Saatkrähe

Erdkröte

Ringelnatter

Iltis

Steinmarder

Dachs

Abwehr von Angreifern

Wenn eine Erdkröte angegriffen wird, sondert sie einen gifthaltigen Schleim ab. Er führt zu einem starken Brennen im Maul des Gegners und soll bewirken, dass dieser die Kröte sofort wieder fallen lässt und einen solchen Angriff nie wieder wagt. Manch ein Feind lässt sich tatsächlich davon abschrecken. Andere Tiere wie Krähen oder Marder fressen aber trotzdem Kröten, denn sie haben gelernt, die Köpfe mit den Giftdrüsen zu verschmähen.

Bei einem Angriff kann die Erdkröte aus länglichen Drüsen, die über und hinter den Augen liegen, Gift absondern.

Erdkröte

Schon gewusst?

Erdkröten werden unter natürlichen Voraussetzungen etwa 10 Jahre alt, aber auch über 30 Jahre sind möglich.

Darf man eine Kröte berühren?

Die dünne Krötenhaut kann Trockenheit und Sonne nicht lange vertragen. Deshalb sind Erdkröten vor allem nachts auf den Beinen.

Kühl wie schattiger, feuchter Waldboden fühlt sich ihre dünne und warzige Haut an. Trockenheit und Sonne kann sie kaum ertragen, deshalb ist die Kröte hauptsächlich nachts unterwegs. Tagsüber versteckt sie sich unter morschem Holz oder an anderen dunklen, kühlen Orten. Nur zur Laichzeit wandern die Erdkröten, wenn das Wetter feucht genug ist, auch am Tag.

Für uns Menschen ist ein behutsames Berühren einer Erdkröte ungefährlich. Denn eine Kröte, die nicht in Panik ist, scheidet nur eine geringe Giftmenge aus, mit der sie sich selbst gegen Bakterien und Pilzbefall schützt. Außerdem gelangt ihr Gift nicht in unseren Mund oder Magen. Nur die Augen können mit Reizungen reagieren, wenn sie über die Finger mit dem Hautgift in Kontakt kommen. In den vergangenen Jahren hat sich aber unter den Amphibien ein Hautpilz ausgebreitet, der zu ihrem Tod führen kann. Um eine mögliche Übertragung der Krankheitserreger zu vermeiden, sollte man diese Tiere vorerst nicht mehr mit bloßen Händen berühren (s. Anmerkung S. 137).

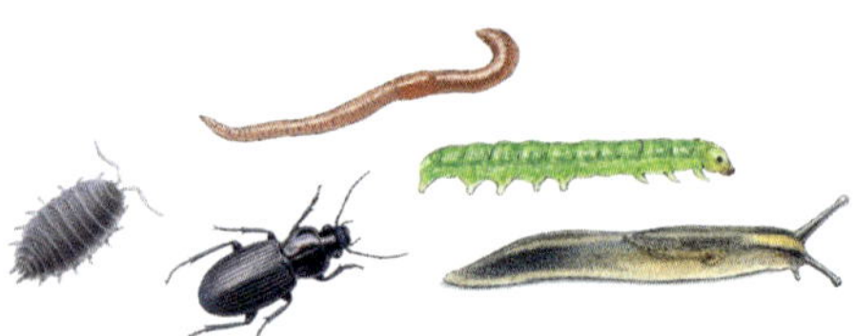

Nicht nur Schnecken schmecken einer Erdkröte.

Die Erdkröte auf Jagd

Eine Kröte streckt ihre lange und klebrige Zunge so schnell aus, dass wir es mit bloßem Auge gar nicht sehen können.

Nach Einbruch der Dunkelheit, besonders gerne bei feuchtem Wetter, geht die Erdkröte auf Jagd. Ihre Bewegungen sind behäbig und langsam, ihre Sprünge plump und schwerfällig. Ihre Zunge aber ist lang und blitzschnell: Wenn sich in ihrer Nähe eine Raupe, eine Spinne oder ein anderes kleines Tier bewegt, schleudert die Erdkröte ihre klebrige Zunge ganz gezielt aus, leimt das Tier an, zieht die Zunge zurück und schluckt die Beute als ganzen Brocken hinunter. Größere und langsamere Tiere wie Regenwürmer und Nacktschnecken packt sie direkt mit dem Maul.

Wanderzeit

*Huckepack zum Laichgewässer:
Ein Erdkröten-Männchen klammert sich an einem Weibchen fest, um es nicht an ein anderes Männchen zu verlieren, denn es wandern viel weniger Weibchen als Männchen zum Wasser.*

Im Frühjahr ist bei den Kröten, Fröschen und allen anderen Lurchen Laichzeit. Grasfrösche und Erdkröten sind meistens die ersten, die aus der Winterstarre erwachen. Schon im Vorfrühling machen sie sich nach mehreren Nächten mit Temperaturen über 6 °C auf den Weg zum Laichgewässer. Manchmal wandern sie auch tagsüber, wenn es nicht zu trocken ist und das Wasser schon verlockend nahe liegt. Erdkröten ziehen fast alle gleichzeitig los, sodass in der Umgebung eines Laichgewässers von einem Tag zum anderen Hunderte von Kröten unterwegs sind!

An trockenen Tagen unterbrechen die Kröten ihre Wanderung und verstecken sich unter altem Laub, unter Steinen oder in der Erde.

Schon auf dem Weg zum Wasser versuchen die Erdkröten-Männchen, eine Partnerin zu erobern. Sie lassen sich dann huckepack zum Gewässer tragen, oft Hunderte Meter weit. Dabei passiert es nicht selten, dass sich ein Männchen an einem anderen Männchen anklammert. Das wiederum lässt sich die umklammerte Kröte nicht gefallen und gibt sich mit mehreren Befreiungsrufen – „Ouk, ouk, ouk" – als Männchen zu erkennen, um wieder losgelassen zu werden.
Neben den „Ouk"-Rufen erkennt man die Männchen auch an ihren Fingern: Zur Paarungszeit bilden sich dort schwarze Schwielen, die wie kleine Gummipolster aussehen. Sie geben dem Klammergriff einen festen Halt.

Vorderfuß eines Erdkröten-Männchens mit Schwielen

Mach mit! – Helfen, wenn die Kröten wandern

Schutzzäune entlang von Straßen in Laichgebieten sollen verhindern, dass die im Frühjahr wandernden Kröten und anderen Amphibien von Autos überfahren werden. Die Tiere laufen am Zaun entlang und fallen in eingegrabene Eimer. Diese Eimer müssen jeden Tag geleert werden. So sind viele Hände nötig, um die gesammelten Tiere auf die andere Straßenseite zu tragen.
Willst du mithelfen? Dann erkundige dich bei einer Naturschutzgruppe, ob und wo du gebraucht wirst.

Vom Wasserleben zum Landleben

Kröten legen ihre Eier in langen *Laichschnüren* ab, die meistens um die Stängel von Wasserpflanzen gewickelt werden. Anfangs sieht man im durchsichtigen Laich nur schwarze Punkte, die aber schon bald länglicher werden. Es sind die Larven, die nach einigen Tagen die Eihülle verlassen und dann ihr Unterwasserleben als Kaulquappe beginnen.

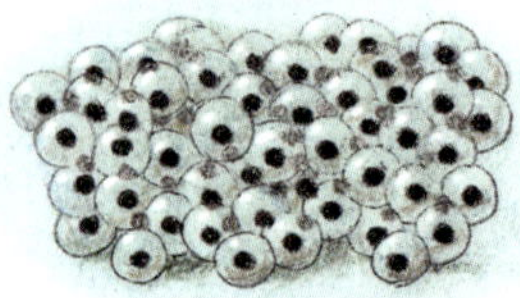

Froschlaich

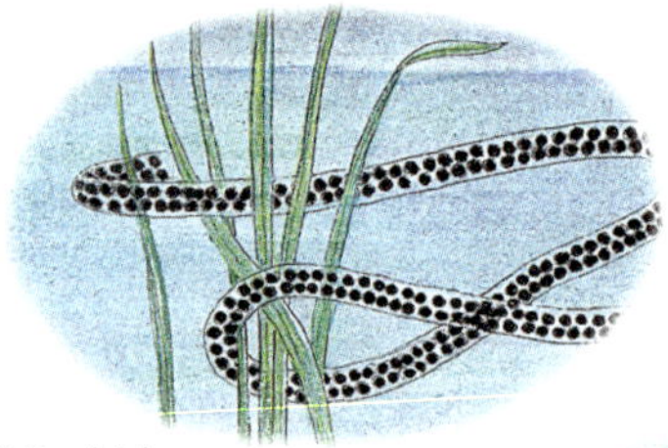

Krötenlaich

Die Entwicklung von Erdkröten

Die Laichschnüre der Erdkröten sehen wie lange Perlenketten aus.

Nach 1-3 Wochen verlassen winzige Larven die glibberige Eihülle und schwimmen bald frei durchs Wasser.

Bis zum Sommer entwickeln sich aus den Kaulquappen kleine Kröten, die alle fast gleichzeitig das Wasser verlassen.

Erdkröten-Kaulquappe

Grasfrosch-Kaulquappe

Kaulquappen atmen wie Fische mit Kiemen, die während der Verwandlung durch Lungen ersetzt werden.

Die Kaulquappen fressen kleinste Pflanzenteile, die sie mit ihren runden Mäulchen von Blättern abraspeln oder abweiden. So bekommen sie in wenigen Wochen pralle, rundliche kleine Körper. Nun wachsen zuerst die Hinterbeine, danach die Vorderbeine, schließlich wird der Schwanz zurückgebildet, und etwa Ende Juli ist es dann so weit: Diejenigen, die nicht von Wasserskorpionen, Rückenschwimmern, Gelbrandkäfern, Libellenlarven, Molchen oder Wasservögeln gefressen wurden, gehen als junge, noch nicht einmal centgroße Kröten an Land. Weil Hunderte fast gleichzeitig das Wasser verlassen, hüpfen sie überall in der Nähe des Gewässers herum. Es wimmelt nur so von kleinen Kröten!

junge Erdkröte

Früher wusste man nicht, woher sie alle so plötzlich kamen, und weil man sie noch dazu mit Fröschen verwechselte, nannte man diese Erscheinung *„Froschregen"*. Heute spricht man besser von *„Krötenregen"*. Bei den Fröschen zieht sich das „An-Land-Gehen" über mehrere Tage hin und fällt deshalb weniger auf.

junger Grasfrosch

Die jungen Kröten begeben sich nun auf die Suche nach einem geeigneten Lebensraum. Und wenn sie in den nächsten Jahren nicht von Krähen, Ringelnattern, Spitzmäusen, Igeln oder Iltissen gefressen werden, kehren sie eines Tages zur Laichzeit an das Gewässer ihrer „Kindheit" zurück. Aber viele von ihnen erreichen nie ihr Ziel, weil sie auf dem Weg dorthin dem Straßenverkehr zum Opfer fallen ...

Tempo 30 rettet Kröten!

Viele der Kröten, die auf unseren Straßen sterben, würden bei „Tempo 30" überleben.

Denn oft werden sie gar nicht direkt von den Rädern überrollt, sondern sterben durch die plötzliche Druckwelle, die unter schnell fahrenden Fahrzeugen auf die Fahrbahn einwirkt – ein langsamer, qualvoller Tod.

Erdkröten-Weibchen tragen die Männchen oft über weite Strecken zum Laichgewässer.

Erdkröte

Erdkröte

Größe: die größte Krötenart Europas (Männchen bis 10 cm, Weibchen bis 15 cm)

Ruf: Paarungsruf leise und nur selten zu hören, gut hörbar sind aber die Befreiungsrufe „Ouk, ouk, ouk" (s. S. 123)

Lebensraum: Laub- und Nadelwälder, Gärten, Ruinen ...

Laichgewässer: größere und kleinere Teiche

Vergleich von Erdkröte ...

(die häufigste heimische Krötenart)

- *warzige Haut*
- *macht nur kleine Sprünge oder geht*
- *legt die Eier in Laichschnüren ab*

Laichschnur mit Eiern

senkrechte Pupille (sonst nur bei der Knoblauchkröte)

Geburtshelferkröte („Glockenfrosch")

Größe: nur etwa 4-5 cm

Ruf: im Chor klingen die Rufe wie Glockenläuten (Name!)

Lebensraum: sonnige Gebiete mit lockerem Gestein wie Sand- und Kiesgruben

Laichgewässer: sonnige, flache, schlammige Wasserstellen

Besonderheit: das Männchen trägt die Eischnüre an den Hinterbeinen wochenlang mit sich herum und bringt sie erst kurz vor dem Schlüpfen der Larven ins Wasser (Name!); die Kaulquappen werden mit 6-8 cm auffallend groß

Schon gewusst?

Trotz ihres Namens werden die Geburtshelferkröten nicht den eigentlichen Kröten zugeordnet. Wegen ihrer besonderen Brutpflege gehören sie zu einer eigenen Gruppe.

gelber Längsstreifen auf dem Rücken

Kreuzkröte

Größe: bis 8 cm

Ruf: ein sehr lautes, anhaltendes „Örr-örr-örr"; eine große Schallblase

Lebensraum: z. B. Sand- und Kiesgruben, Steinbrüche, Felder

Laichgewässer: flache Tümpel, auch Pfützen

Besonderheit: hüpft nicht, sondern läuft ähnlich wie eine Maus

Mit ihrer großen, bläulichen Schallblase erzeugt die Kreuzkröte einen Ruf, der über 1 km weit zu hören ist.

dunkler Schläfenfleck (typisch für alle Braunfrösche)

Grasfrosch

Grasfrosch

Größe: bis 10 cm

Ruf: ein schwaches Knurren

Lebensraum: überall in Gebieten mit dichtem Bewuchs

Laichgewässer: nicht zu tiefe, besonnte Teiche (häufig auch Gartenteiche)

Der Grasfrosch kommt in vielen verschiedenen Brauntönen vor, von Gelbbraun über Grünbraun bis Dunkelbraun.

dunkler Grasfrosch

... und Grasfrosch

(die häufigste heimische Froschart)

- Haut glatt und glitschig
- kann weit springen (lange Hinterbeine)
- legt die Eier in Laichballen ab

Schnauze spitzer als beim Grasfrosch

Zur Laichzeit färben sich die Männchen oft himmelblau.

Moorfrosch

Größe: bis 7 cm

Färbung: bräunlich mit dunklen Flecken

Ruf: ein blubberndes „Wob-wob-wob“

Lebensraum und Laichgewässer: Moore (Name!), überschwemmte Wiesen, Sumpfgebiete

Tipp: Alle Amphibienstimmen zum Buch sind zu hören auf www.naturverlag.de.

Der Laubfrosch ist der einzige heimische Frosch, der auf Büsche und Bäume klettert.

Haftscheiben an den Enden von Fingern und Zehen

Laubfrosch

Größe: nur bis 5 cm

Ruf: ein sehr lautes, schnelles „Räp-räp-räp“ (die lauteste Stimme aller Amphibien); eine große Schallblase

Lebensraum: Gelände mit vielen Sträuchern und Blüten und sonnigen, stehenden Gewässern (mittlerweile nur noch inselartige Vorkommen)

Laichgewässer: klare, begrünte und besonnte Kleingewässer, auch Altwässer (das sind abgetrennte Teile eines Flusses mit stehendem Wasser)

Laubfrosch

Es gibt drei heimische Wasserfrösche. Ihr Kennzeichen: zwei seitliche Schallblasen (bei den Männchen).

Kleiner Wasserfrosch

Größe: nur bis 7 cm

Färbung: grasgrün mit dunklen Flecken

Ruf: ein lang gezogenes, schwirrendes „Quirrrr"; zwei weiße Schallblasen

Laichgewässer: kleine Gewässer wie Tümpel und Gräben

Kleiner Wasserfrosch

Der Teichfrosch ist eine Mischform aus den beiden anderen Wasserfröschen und oft nur schwer zu bestimmen.

Teichfrosch

Größe: 5-12 cm

Färbung: grasgrün bis braungrün mit dunklen Flecken

Ruf: ein langes „Quärrrr"; zwei weißlich-graue Schallblasen

Laichgewässer: Teiche mit besonnten Rändern

Seefrosch

Größe: bis 15 cm (die größte heimische Froschart)

Färbung: grün mit dunklen Flecken, auch bräunlich bis grünbraun

Ruf: ein entenähnliches „Quak" und ein Keckern, das an eine schimpfende Elster erinnert; zwei graue Schallblasen

Laichgewässer: größere Gewässer wie Seen (Name!) und Altwässer mit besonnten Ufern

Sommer- und Winterreviere

Ein Frosch mitten im Wald? Eine Kröte unter der Steinmauer im Garten? Diese Orte überraschen so manchen Entdecker. Aber der Frosch hat sich nicht verirrt, und auch die Kröte fühlt sich rundum wohl: Denn bis auf wenige Ausnahmen (wie die oben gezeigten Wasserfrösche) halten sich unsere heimischen Frösche und Kröten in der Regel nur während der Fortpflanzungszeit für

Grasfrosch im Sommerrevier

einige Tage bis Wochen im Wasser auf. Nach der Eiablage gehen die erwachsenen Lurche aber wieder an Land und wandern in ihre Sommerreviere. Im Herbst suchen sie ein Versteck für den Winter auf, z. B. Steinmauern oder morsche Stämme, unter denen sie regungslos überwintern (Winterstarre). Manche kehren auch zum Wasser zurück, um sich dort bis zum Frühjahr im Schlamm des Gewässerbodens zu vergraben.

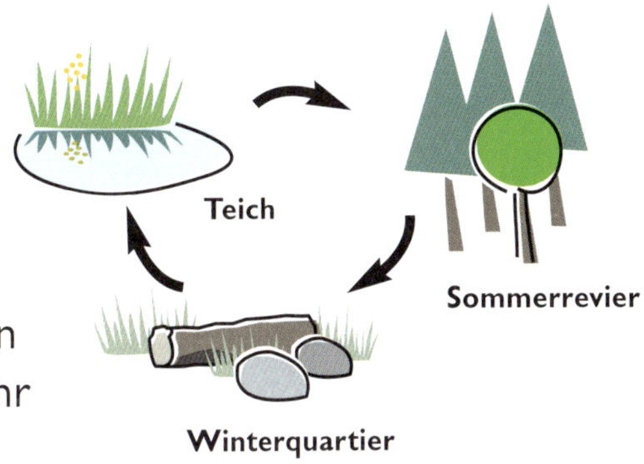

Unken

Eine Unke haben die meisten Menschen im Gegensatz zu Kröten und Fröschen noch nie gesehen. Denn diese urtümlichen Tiere sind in den letzten Jahrzehnten durch den Verlust von natürlichen Überschwemmungsgebieten sehr selten geworden und nicht mehr weit verbreitet. Von oben betrachtet könnte man Unken mit Kröten verwechseln, aber mit einem Blick auf die Bauchseite sind unsere beiden heimischen Unkenarten, die Gelbbauchunke und die Rotbauchunke, an ihrer leuchtend gelben bzw. orangeroten Färbung sofort zu erkennen.

Unken

Gelbbauchunke

Gelbbauchunke und Rotbauchunke

Größe: nur 4-5 cm

Ruf: mehr als 40-mal pro Minute rufen sie einsilbig „Ung-ung-ung“ (Name!), oft im Chor

Lebensraum: Beide Arten halten sich vom Frühjahr bis zum Herbst im Wasser auf und gehen nur zur Überwinterung an Land.

Die Gelbbauchunke lebt vor allem im Berg- und Hügelland und sucht flache, sonnige und pflanzenarme Kleingewässer auf.

Die Rotbauchunke lebt im Flachland in Gewässern, die ebenfalls flach und sonnig, aber größer und pflanzenreicher sind.

herzförmige Pupillen

Rotbauchunke

Zu den typischen Laichgewässern der Gelbbauchunke gehören Kleinstgewässer wie wassergefüllte Wagenspuren oder lehmige Pfützen.

Rotbauchunken suchen vorwiegend solche flachen Gewässer auf, wie sie z. B. in der Auenlandschaft der Elbe zu finden sind.

Bergmolch-Männchen in bunter Wassertracht

Molche und Salamander

Das Landleben der Molche läuft so heimlich ab, dass man sie nur hin und wieder einmal unter morschem Holz, unter Steinen oder im feuchten Laub entdeckt. Wenn sie sich aber zur Zeit der Fortpflanzung einige Monate lang im Wasser aufhalten, sind sie gut zu beobachten, vor allem dann, wenn das Laichgewässer klein und flach ist.

Die Bergmolch-Männchen sind in ihrer Wassertracht besonders schön gefärbt. Mit ihrem blauen Rücken, den gepunkteten Flanken, dem intensiv orangen Bauch und den langsamen, schwebenden Bewegungen wirken sie wie urtümliche Tiere aus längst vergangenen Zeiten.

Vom Wasser abhängig

Molche und Salamander gehören – wie auch Frösche, Kröten und Unken – zu den *Lurchen*. Bis auf eine einzige Ausnahme, den ganz schwarzen Alpensalamander, sind die heimischen Lurche wie ihre Vorfahren vor Jahrmillionen vom Wasser abhängig geblieben: In den ersten Wochen ihres Lebens leben sie als Larven im Wasser und atmen wie die Fische mit Kiemen. Danach gehen die meisten von ihnen an Land, aber zur Fortpflanzungszeit müssen sie wieder ein Gewässer aufsuchen. Daher werden die Lurche auch *Amphibien* (griechisch amphi = beidseitig, bios = Leben) genannt.

Molche

Bergmolch

Größe: 9 bis 12 cm

Aussehen: Bauchseite kräftig orange, immer ungefleckt, Oberseite schwarzgrau bis schwarzblau; Männchen zur Laichzeit mit Rückenleiste

Lebensraum: vor allem Waldgebiete des Berg- und Hügellandes (Name!)

Laichgewässer: kleine und sogar kleinste Gewässer wie wassergefüllte Spuren von Waldfahrzeugen

Bergmolch-Weibchen in Landtracht

In den Wintermonaten liegen die Molche regungslos in frostgeschützten Verstecken unter vermodernden Baumstämmen oder unter Steinen.

Bergmolche in Wassertracht (natürliche Größe)

Molche legen ihre Eier einzeln an Wasserpflanzen ab. Jedes Ei klebt in einer „Tüte“, die das Molch-Weibchen mit den Hinterbeinen gefaltet hat.

Die Larve eines Molches hat gut sichtbare Kiemenbüschel. Bei Molchlarven wachsen zuerst die Vorderbeine, danach die Hinterbeine.

Ein Blick in größere Pfützen kann sich zur Laichzeit der Molche lohnen!

Teichmolch-Männchen in Wassertracht

Teichmolch-Weibchen in Landtracht

Der in Deutschland häufigste Molch ist der Teichmolch. Er ist zierlicher als der Bergmolch und lebt vorwiegend im Flachland. Man kann ihn leicht mit dem noch kleineren Fadenmolch verwechseln. Beim Fadenmolch ist aber die Kehle ungefleckt, außerdem ist das Männchen zur Laichzeit durch einen etwa 1 cm langen Faden (Name!) am Schwanzende und dunkle Hinterfüße mit Schwimmhäuten unverwechselbar.

Teichmolch

Größe: 9 bis 11 cm

Aussehen: bräunliche Grundfärbung, Bauchseite gelblich-orange und überall gefleckt, auch die Kehle ist meistens gefleckt; das Männchen trägt zur Laichzeit einen gewellten Kamm über den ganzen Rücken

Lebensraum: Flachland und niedriges Hügelland

Laichgewässer: besonnte Tümpel und Teiche (Name!), häufig in Gartenteichen

Die Bauchseiten verschiedener Molcharten im Vergleich

Viele Gartenteiche sind beliebte Laichgewässer des Teichmolchs.

Der größte heimische Molch ist der Kammmolch (bis 17 cm). Er lebt in Teichen und Tümpeln, die in der offenen Landschaft oder in lichten Wäldern liegen und in denen viele Pflanzen wachsen. Er ist kaum zu finden, weil er die meiste Zeit des Jahres im Wasser lebt und viel seltener ist als die anderen Molche.

Das Männchen trägt im Hochzeitskleid einen hohen, gezackten Rückenkamm (Name!), der diesen Molch wie einen Drachen aussehen lässt.

Kammmolch

Mach mit! – Molche in der Pfütze?

Wenn du bei einer Wanderung zwischen April und Juli an einer größeren Pfütze vorbeikommst, dann bleibe stehen und sieh genau hin: Hier könnten Molche zu entdecken sein, denn manche von ihnen leben selbst in kleinsten Gewässern. Rühre aber das Wasser nicht um, sondern beobachte einfach nur einige Minuten lang, ob sich im Wasser etwas bewegt.

Im Unterschied zu den Molchen, die vom Frühjahr bis zum Sommer im Wasser leben, gehen Salamander nur kurz oder gar nicht ins Wasser: *Feuersalamander* suchen das Wasser nur auf, um dort Larven abzusetzen, *Alpensalamander* bringen sogar fertig entwickelte Junge zur Welt, die sofort an Land leben.

Alpensalamander

Größe: *etwa 13 cm*

Aussehen: *ganz schwarz und glänzend, mit Querfalten und deutlichen Ohrdrüsen*

Lebensraum: *Bergregionen*

Der Alpensalamander ist der einzige heimische Lurch, der keine Gewässer braucht. Er ist nachtaktiv und bei feuchtem Wetter auch tagsüber unterwegs.

Junge Alpensalamander entwickeln sich zwei bis drei Jahre lang vollständig im Mutterleib. Das ist eine Anpassung an den kurzen Sommer und das raue Gebirgsklima in den Alpen.

Larve

Feuersalamander setzen 20 bis 40 Larven ins Wasser ab, die schon weit entwickelt sind.

Feuersalamander

Größe: *etwa 20 cm*

Aussehen: *durch seine intensiv gelben Flecken oder Streifen (Warnfarbe) auf glänzend schwarzer Haut unverwechselbar*

Lebensraum: *vor allem Laubwälder mit kleinen Bächen; Überwinterung in feuchten Felsspalten, Höhlen oder alten Bergwerkstollen*

Laichgewässer: *saubere und kalte, nur langsam fließende kleine Bäche, auch Tümpel und wassergefüllte Wagenspuren*

Der Feuersalamander ist nachtaktiv, kommt aber bei Regen nach langer Trockenheit auch tagsüber aus seinem Versteck (Name „Regenmännchen"), um Schnecken, Würmer und andere kleine Tiere zu fressen.

Bevorzugter Lebensraum des Feuersalamanders sind feuchte Mischwälder mit kleinen, sauberen Bächen.

Anmerkung: Wie andere Amphibienarten ist auch der Feuersalamander durch eine Pilzkrankheit bedroht. In den Niederlanden und Belgien hat der Hautpilz bereits zu einem dramatischen Bestandsrückgang geführt (s. a. Seite 137).

Eine Erdkröte auf ihrer Wanderung zum Laichgewässer

In jedem Geschöpf der Natur lebt das Wunderbare.

(Aristoteles)

Frühling liegt in der Luft

Bei einer Exkursion die ersten Frühlingsboten entdecken

Es ist Mitte März, und seit dem Vortag breitet sich eine ungewohnte Wärme aus, die jeden noch so versteckten und kalten Winkel zu erreichen scheint. Zeit für die Krötenwanderung? Mit einer Gruppe von frühlingshungrigen Erwachsenen und Kindern bin ich unterwegs, um die ersten Frühlingsboten zu suchen. Mit geschlossenen Augen genießen wir für einige Momente die helle Märzsonne auf unseren Gesichtern und freuen uns auf erlebnisreiche Stunden.

Auf geht's! Kaum sind wir losgezogen, da fliegt auch schon etwas Kleines und Dickes neben uns mit einem tiefen Brummen dicht über eine grasbewachsene Böschung. Wer glaubt, das sei nur irgendein langweiliges Insekt, der irrt: Eine fliegende Königin ist es – eine Erdhummel-Königin! Denn nur die Königinnen eines Hummelstaates überwintern und gründen im Frühjahr neue Völker.

Hier und da landet die Hummel und verschwindet manchmal kurz unter trockenem Laub. Sie ist auf der Suche nach einer Höhle. Wenn sie eine geeignete Behausung gefunden hat, zum Beispiel eine ausgepolsterte Mausehöhle, wird sie dort bald eine winzige Wiege aus Wachs bauen, die ersten Eier hineinlegen, mit Pollen bedecken, mit Wachs verschließen und drei Wochen lang wie ein Vogel mit ihrer eigenen Körperwärme ausbrüten. In der Nähe der Wiege baut sie ebenfalls aus Wachs ein kleines „Honigtöpfchen", das sie mit Nektar füllt, um sich in der Brutzeit versorgen zu können.

Während unsere Augen noch dem Zickzackflug der Hummelkönigin nachsehen, werden wir von einer plumpen Bewegung mitten auf dem Weg abgelenkt. „Ein Frosch!" Nein, wir müssen genauer hinsehen: Es ist eine Erdkröte, die so begeistert begrüßt wird. Mit kurzen Sprüngen ist sie gerade dabei, den Weg zu überqueren. Vorsichtig nehme ich die Kröte in die Hände*. Nun können wir ihr direkt in die Augen blicken: Sie sind groß und golden! Schon nähern sich die ersten ausgestreckten Finger, um die Kröte – wenn auch noch etwas zögernd – zu berühren. „Aber ist denn eine Kröte nicht giftig?" Doch, Erdkröten besitzen ein Gift, das sie vor Pilzbefall, Parasiten und Fressfeinden schützen soll. Die länglichen Giftdrüsen am Kopf sind aus der

Wachstöpfchen mit Honig

Erdhummel-Königinnen erwachen schon Anfang März aus der Winterstarre. Tief brummend fliegen sie nun umher und suchen am Boden nach einer Höhle, in der sie ein neues Volk gründen können. Die Königinnen anderer Arten fliegen erst später.

Nähe gut zu erkennen. Für uns Menschen ist das Gift aber nicht wirklich gefährlich, weil wir die Kröte ja nicht hinunterschlucken. Außerdem sondert sie den giftigen Schleim nur dann in größerer Menge ab, wenn sie sich gestresst fühlt. Wir setzen sie also behutsam wieder auf den Boden und beobachten sie dann noch eine Weile.

Direkt am Wegrand liegt in einer Wiese ein Tümpel, auf den unsere Kröte gezielt zusteuert. Und dann sehen wir ganz viele: Einzelne Kröten klettern und rutschen am Uferrand hinunter, manche tauchen mit lang gestreckten Hinterbeinen ins Wasser ein, aus dem schon unzählige Krötenköpfe fast unbeweglich herausstarren, andere kraxeln noch angestrengt durch den Blättergraben jenseits des Weges. – Die Kröten wandern!

Noch lange sehen wir uns das Schauspiel am und im Wasser an. Schon in wenigen Tagen ist das ganze Spektakel vorbei. Dann verlassen die Kröten das Wasser wieder und wandern in ihre Sommerreviere. Für uns fast unbemerkt bleiben in den kommenden Monaten die heimlichen,

aber nicht weniger faszinierenden Abläufe in der Unterwasserwelt, wo bald Kaulquappen heranwachsen, die wie Fische mit Kiemen atmen und dann im Sommer als kleine Kröten alle fast gleichzeitig das Wasser verlassen ...

Unsere Frühlingssuche geht nun weiter. Wir beobachten einen Zitronenfalter auf einem seiner ersten Flüge nach der langen Winterstarre und erkennen den miauenden Revierruf eines hoch oben am weiß-blauen Frühlingshimmel kreisenden Mäusebussards. Wir entdecken die leuchtend gelben Sternchen des Scharbockskrauts, die zusammen mit ihren saftigen, dun-

Zitronenfalter

Der Zitronenfalter legt seine Eier am Faulbaum ab.

kelgrünen Blättern farbenfrohe Teppiche bilden, und finden anschließend bei einem lustigen Frühlingsbotenspiel noch weitere Frühblüher in Weiß und Violett, unter ihnen das Buschwindröschen. Wie alle Frühblüher blüht es schon dann, wenn das Sonnenlicht noch durch die unbelaubten Bäume fällt und der Wind noch durchs Gebüsch wehen kann (Name!). Um sich so früh und in kurzer Zeit entfalten zu können, brauchen Frühblüher einen Nahrungsvorrat. Bei der Tulpe ist die Zwiebel die Vorratskammer, beim Scharbockskraut ist es eine Wurzelknolle, und beim Buschwindröschen? An einer Stelle mit lockerem Boden graben wir vorsichtig und finden bald etwas, das wie ein Stöckchen aussieht: Ein unterirdischer Stängel speichert also die Vorräte für das Frühjahr. Jeder möchte einmal fühlen …

Buschwindröschen

Und auch der Zilpzalp ist wieder da! Aus einiger Entfernung ruft er anhaltend und gleichmäßig seinen Namen: „Zilp-zalp-zilp-zalp …“ Dieser einförmige, auf und ab pendelnde Gesang ist leicht aus anderen Gesängen herauszuhören. Ich zeige ein Bild von dem kleinen, olivgrün gefärbten Vogel aus der Familie der Laubsänger, der als einer der ersten Zugvögel zum Frühlingsbeginn aus dem Süden zu uns zurückkehrt. Wir gehen näher heran. Wer kann ihn jetzt auch sehen? Mit weit in den Nacken geschobenen Köpfen folgen wir seinen gewandten Bewegungen hoch oben in den noch kahlen Zweigen einer Birke. „Zilp-zalp-zilp-zalp-zilp-zilp-zalp …“ Wir schließen die Augen und hören ihm eine ganze Minute lang zu, bis alle sich den Klang und Rhythmus eingeprägt haben. Schließlich entfernen wir uns vom „Zilp-zalp“, das von einigen Kindern noch eine Weile munter mitgesungen wird.

Auf unserem Rückweg hören wir keinen weiteren Zilpzalp mehr. Aber vielleicht singt schon am Nachmittag einer im Garten, morgen auf dem Schulgelände oder am Wochenende im Stadtpark? Frühling liegt in der Luft!

Der Zilpzalp kehrt als einer der ersten Zugvögel zum Frühlingsbeginn aus dem Süden zurück.

* **Anmerkung zu den Amphibien** (Stand 2017):
Weltweit ist ein massiv auftretendes Amphibiensterben zu beklagen. Als Hauptverursacher gilt die Hautpilzerkrankung Chytridiomykose. Mit hoher Wahrscheinlichkeit begann die Verbreitung dieser Infektionskrankheit durch Exporte von Amphibien aus Afrika und Ostasien und wurde dann durch den weltweiten Handel mit Amphibien beschleunigt. Um eine Übertragung der Krankheitserreger von einem Laichgewässer zum nächsten zu verringern, sollten vor allem Schuhe und Stiefel nach der Benutzung in einem Feuchtgebiet gewechselt oder gut getrocknet werden (weil die Pilze Trockenheit nicht vertragen). Auch ist es ratsam, wild lebende Amphibien nicht mehr mit bloßen Händen zu berühren, sondern dünne Einmalhandschuhe zu tragen (zumindest bis zur endgültigen Klärung des Übertragungsweges). Handschuhe schützen zudem die empfindliche Krötenhaut davor, durch Salben oder Cremes gereizt oder geschädigt zu werden.

Wer findet zwischen den vielen Fichten den Stamm einer Douglasie?

Für ein nachhaltiges Naturverständnis brauchen wir das unmittelbare Erleben, die forschende Neugier und Kenntnisse über Arten und ihre Lebensräume.

Gesetze und Gedanken zum Naturschutz *(in Deutschland)*

Ist es eigentlich erlaubt, im Wald den Weg zu verlassen? Oder Wiesenblumen zu pflücken und Pilze und Beeren zu sammeln? Darf man Raupen oder Kaulquappen mit ins Klassenzimmer nehmen, um ihre Entwicklung zu beobachten?
Viele Menschen stellen sich diese oder ähnliche Fragen – ob Wanderer, Eltern oder Lehrpersonen – aber kaum jemand kennt die Antworten oder weiß, wo er sie finden kann.

Um eine Hilfe und einen Überblick zu geben, werden im Folgenden einige besonders wichtige gesetzliche Regelungen zum Artenschutz und zum Waldbetretungsrecht aufgeführt und kommentiert.

Artenschutz

Durch § 39 Bundesnaturschutzgesetz (BNatSchG) stehen *alle wild lebenden Pflanzen und Tiere* unter **allgemeinem Schutz**.

Dennoch ist es in Gebieten, die keinem Betretungsverbot (s. S. 142) unterliegen, erlaubt, Blätter und Blumen zu pflücken oder Beeren und Pilze in geringen Mengen für den Eigenbedarf zu sammeln, um sie z. B. zu essen, zu trocknen, als kleinen Strauß oder als Lernmaterial zu verwenden, wenn die betreffenden Arten keinem besonderen Schutz unterliegen (s. § 39 Abs. (3) BNatSchG).

Auch das Aufziehen einer häufig vorkommenden Schmetterlingsraupe (z. B. Kohlweißling, Tagpfauenauge) ist durchaus mit dem Gesetz vereinbar, wenn es der Beobachtung dient und dazu führt, Kenntnisse über eine Art und ihre Ansprüche an den Lebensraum zu gewinnen. Hier ist die Lehre zweifelsfrei ein „vernünftiger Grund" (s. § 39 Abs. (1) BNatSchG).

Anders sieht es aber aus, wenn es sich um **„besonders geschützte und bestimmte andere Tier- und Pflanzenarten"** handelt (s. § 44 Abs. (1) BNatSchG). Dann ist das Pflücken einer Pflanze oder das Fangen eines wild lebenden Tieres verboten – selbst dann, wenn es noch am selben Tag wieder freigelassen würde.

Besonders geschützt sind z. B. alle europäischen Amphibien und Reptilien, alle europäischen Vogelarten und – bis auf wenige Ausnahmen wie Schermaus oder Wanderratte – alle heimischen Säugetierarten (soweit sie nicht dem Jagdrecht unterliegen). Manche dieser Arten sind sogar **streng geschützt**. Den Schutzstatus einer Art findet man z. B. unter *www.wisia.de*.

Bezogen z. B. auf die Amphibien bedeutet der besondere Schutz, dass selbst von unseren noch häufig vorkommenden Amphibien, den Grasfröschen, weder Laich noch Kaulquappen aus der Natur entnommen werden dürfen. Hierzu muss – aus juristischer Sicht – die Genehmigung einer Naturschutzbehörde eingeholt werden.

Natürlich ist es zu begrüßen, wenn durch diese Gesetzgebung das maßlose, „eimerweise" Anschleppen von Froschlaich in die Klassenzimmer unterbunden wird. Es wäre aber nicht im Sinne eines nachhaltigen Naturschutzes, wenn Kindern nicht die Möglichkeit gegeben würde, die spannende Entwicklung einer Kaulquappe mit Forscherdrang, Freude und staunenden Augen zu erleben. Einige gezählte Kaulquappen aus einem Gartenteich zu entnehmen, verantwortungsvoll zu versorgen und später wieder zurückzusetzen, ist hier nach meiner Meinung ein guter Kompromiss, der nicht nur naturverträglich ist, sondern darüber hinaus das Naturverständnis weit mehr fördert als das Verbot.

Streng genommen ist auch das Sammeln von Federn verboten, selbst dann, wenn es sich um die Federn von häufigen Arten handelt, die am Wegrand liegen. Denn laut Begriffsbestimmungen (§ 7 BNatSchG) beinhaltet das Wort „Tiere" auch „ohne Weiteres erkennbare Teile von Tieren wild lebender Arten".

Es ist unumstritten, dass eine rücksichtslose „Jagd" nach Federn seltener Arten, die mit Störungen oder sogar mit Fangen oder Töten verbunden ist, geahndet werden muss. Deshalb besteht auch eine Nachweispflicht für „ohne Weiteres erkennbare Teile von Tieren oder Pflanzen der **streng geschützten** Arten" (§ 46 BNatSchG).
Aber inwiefern handelt man gegen den Naturschutz, wenn man eine Feder, die z. B. ein Eichelhäher oder ein Buchfink auf natürliche Weise verloren hat, vom Boden aufhebt und mit nach Hause nimmt? Solche Verbote dienen nicht wirklich dem Artenschutz! Im Gegenteil: Sie schmälern nur das so wichtige Interesse an der Natur, machen den Naturfreund zum Feind und sind somit kontraproduktiv. Hier ist aus meiner Sicht ein Umdenken bei der Gesetzgebung erforderlich!

Zum Nachlesen der Gesetzgebung zum **Allgemeinen Artenschutz** und **Besonderen Artenschutz** folgen Auszüge aus § 39 und § 44 des Bundesnaturschutzgesetzes vom 01.03.2010:

Allgemeiner Artenschutz

§ 39: Allgemeiner Schutz wild lebender Tiere und Pflanzen

(1) Es ist verboten,

1. *wild lebende Tiere mutwillig zu beunruhigen oder ohne vernünftigen Grund zu fangen, zu verletzen oder zu töten,*
2. *wild lebende Pflanzen ohne vernünftigen Grund von ihrem Standort zu entnehmen oder zu nutzen oder ihre Bestände niederzuschlagen oder auf sonstige Weise zu verwüsten,*
3. *Lebensstätten wild lebender Tiere und Pflanzen ohne vernünftigen Grund zu beeinträchtigen oder zu zerstören.*

(2) …

(3) Jeder darf abweichend von Absatz 1 Nummer 2 wild lebende Blumen, Gräser, Farne, Moose, Flechten, Früchte, Pilze, Tee- und Heilkräuter sowie Zweige wild lebender Pflanzen aus der Natur an Stellen, die keinem Betretungsverbot unterliegen, in geringen Mengen für den persönlichen Bedarf pfleglich entnehmen und sich aneignen.
…

Besonderer Artenschutz

§ 44 Vorschriften für besonders geschützte und bestimmte andere Tier- und Pflanzenarten

(1) Es ist verboten,

1. *wild lebenden Tieren der besonders geschützten Arten nachzustellen, sie zu fangen, zu*

verletzen oder zu töten oder ihre Entwicklungsformen aus der Natur zu entnehmen, zu beschädigen oder zu zerstören,

2. *wild lebende Tiere der streng geschützten Arten und der europäischen Vogelarten während der Fortpflanzungs-, Aufzucht-, Mauser-, Überwinterungs- und Wanderungszeiten erheblich zu stören; eine erhebliche Störung liegt vor, wenn sich durch die Störung der Erhaltungszustand der lokalen Population einer Art verschlechtert,*

3. *Fortpflanzungs- oder Ruhestätten der wild lebenden Tiere der besonders geschützten Arten aus der Natur zu entnehmen, zu beschädigen oder zu zerstören,*

4. *wild lebende Pflanzen der besonders geschützten Arten oder ihre Entwicklungsformen aus der Natur zu entnehmen, sie oder ihre Standorte zu beschädigen oder zu zerstören. (Zugriffsverbote).*

(2) Es ist ferner verboten,

1. *Tiere und Pflanzen der besonders geschützten Arten in Besitz oder Gewahrsam zu nehmen, in Besitz oder Gewahrsam zu haben oder zu be- oder verarbeiten (Besitzverbote),*

2. ...

Waldbetretungsrecht

Das Waldbetretungsrecht wird durch § 14 Bundeswaldgesetz geregelt. Im Rahmen dieses Gesetzes haben die Länder eigene Landeswaldgesetze entwickelt, die Einzelheiten regeln. Konkrete Informationen zur Rechtslage sind im jeweiligen Landeswaldgesetz zu finden.

Betreten des Waldes

Grundsätzlich gilt: Jeder darf den Wald zum Zwecke der Erholung betreten. Wer in den Wald geht, hat sich aber so zu verhalten, dass weder die Lebensgemeinschaft Wald noch die Bewirtschaftung des Waldes gestört werden. Der Wald darf nicht gefährdet, beschädigt oder verunreinigt und die Erholung anderer nicht unzumutbar beeinträchtigt werden. Im Wald dürfen Hunde außerhalb von Wegen nur angeleint mitgeführt werden.

Was viele nicht wissen: Das Betretungsrecht gilt – abgesehen von einigen Betretungsverboten und Schutzgebieten (s. u.) – für den gesamten Wald, also nicht nur für die Waldwege, sondern auch für die Waldbestände und z. B. für Schneisen, Lichtungen und Waldwiesen. So ist es in der Regel erlaubt, einen Weg zu verlassen, um z. B. in einem Fichtenhochwald nach Tierspuren zu suchen, in einem Laubwald Spechte zu beobachten oder auf einer Waldwiese ein Picknick einzulegen.

In manchen Bundesländern gilt aber (zeitweilig oder sogar ganzjährig) die Regelung, dass man in der Zeit von Sonnenuntergang bis Sonnenaufgang auf den Wegen bleiben muss.

Betretungsverbote

Verboten ist in der Regel z. B. das Betreten von Forstkulturen und Forstdickungen, das Betreten von Waldflächen, die ordnungsgemäß als gesperrt gekennzeichnet sind, das Betreten von Waldflächen, während dort Holzarbeiten ausgeführt werden, und das Betreten von forstwirtschaftlichen und jagdlichen Einrichtungen.

Zu den forstwirtschaftlichen Einrichtungen zählen z. B. auch Holzstapel, von denen eine große Gefahr für die Waldbesucher ausgehen kann, besonders für kletternde Kinder. Vorsicht auch bei einzeln am Boden liegenden Stämmen, die zum Ausruhen oder Balancieren einladen: Auch sie können extrem gefährlich werden, wenn sie nicht sicher gelagert sind und ins Rollen geraten!

Schutzgebiete

Durch das Bundesnaturschutzgesetz können Teile von Natur und Landschaft unter Schutz gestellt werden. Sie sind in der Regel durch Schilder gekennzeichnet.

Die strengste Form der Unterschutzstellung ist die Ausweisung zum *Naturschutzgebiet* oder zum *Nationalpark*. Insbesondere in diesen Gebieten gelten im Hinblick auf das oben beschriebene Waldbetretungsrecht und den Artenschutz andere Regeln, vor allem die beiden folgenden: Wege dürfen nicht verlassen werden! Ebenso darf nichts entnommen werden, weder Pflanzen(teile) noch Tiere, ob mit oder ohne vernünftigen Grund – streng genommen auch dann nicht, wenn es sich um häufige „Allerweltsarten“ wie Brennnessel oder Wegerich handelt. Auch das Sammeln von Eicheln, Bucheckern oder Zapfen ist dort selbst in kleinsten Mengen nicht erlaubt!

Durch die Ausweisung eines Gebietes zum Naturschutzgebiet (NSG) werden bestimmte Lebensräume mit ihren Tier- und Pflanzenarten unter besonderen Schutz gestellt.
Auf dem kalk- und schwermetallhaltigen Boden des Naturschutzgebietes Schlangenberg (Foto) wachsen zum Beispiel seltene Arten wie das Gelbe Galmeiveilchen, das nur im Dreiländereck um Aachen anzutreffen ist.

Tipp: Naturschutzgebiete und ihre Besonderheiten werden im Internet angezeigt.

Die Kennzeichnung der Naturschutzgebiete ist in Deutschland nicht einheitlich. Hier das Schild mit Seeadler, wie es in einigen westlichen Bundesländern gültig ist.

Bei allen Geboten und Verboten dürfen wir aber eines nicht vergessen: Wenn Naturschutz erfolgreich und zukunftsfähig sein soll, dürfen die Menschen nicht ausgeschlossen werden – weder die erwachsenen Naturbeobachter noch die wissbegierig staunenden Kinder. Was wir unbedingt brauchen, sind forschende Neugier, Kenntnisse über Arten und ihre Lebensräume, Begeisterung, Erleben und Verstehen. ■

Gelbes Galmeiveilchen

Vogelgesang im frühlingshellen Maiwald: Die ganze Klasse lauscht aufmerksam, und schon bald können die Kinder den schmetternden Gesang des Buchfinks aus dem Chor der anderen Vogelstimmen heraushören. ▶

DANK

Wir danken allen, die zum Gelingen unseres Werkes beigetragen haben. Insbesondere den Fotografinnen und Fotografen, die viele beeindruckende und berührende Bilder beisteuerten. Ein großer Dank geht auch an unsere Kunden, die durch ihre langjährige Treue und Begeisterung unsere unabhängige Verlagsarbeit ermöglicht und gefördert haben.

VORSCHAU

Wir planen einen zweiten Band, in dem wir heimische Bäume, Blütenpflanzen, Pilze und nicht zuletzt Insekten vorstellen. Freuen Sie sich auf Schmetterlinge, Käfer und Libellen, Frühlingsblumen, Sommerdüfte, Herbstfrüchte und vieles mehr ...

Traumhaft: Eine Mückenfledermaus bei ihrem nächtlichen Jagdflug am Ufersaum eines Sees. Die kleine „Mücke" ist eine Zwillingsart der Zwergfledermaus. Sie jagt vorwiegend in Wäldern mit Gewässernähe, wo es reichlich Mücken gibt (Name!).

BILDNACHWEIS

Fotos

Arco Images/NPL/Kim Taylor: S. 122 Erdkröte unten
Bogon, Klaus: S. 27 Große Hufeisennase
Bohdal, Jiri: S. 115 Ringelnatter, S. 132 Kammmolch
Brandstätter, Mathias: S. 70 Krähenpaar
Engelbrecht, Hartmut: S. 79 junge Mauersegler im Brutstein
Fischer, Christian/Wikipedia: S. 129 Habitat Rotbauchunke, File:Bombina-Habitat.jpg, Lizenz CC BY-SA 3.0
Frankenhauser, Thomas: S. 39 Schneespur von Rabenkrähe
Franzke, Bärbel: S. 63 Wintergoldhähnchen, S. 64 Hausrotschwanz, S. 67 badende Spatzen
Goetz, Nele: S. 10 Rothirsch
Grings, Willi: S. 117 Ringelnatter schwimmend
Hammer, Günther R.: S. 15 Reh
Hansen, Richard: S. 14 Fuchs springend, S. 15 Wildkatze, S. 30 Fuchs, S. 44 Junghase
Hecker, Frank: S. 82 Spechthöhle (oben)
Hermann, Viola: S. 54, Brandmaus
Hinrichs, Detlef: S. 45 Jungfüchse
Hlásek, Lubomir: S. 71 Krähennester, S. 126 Kreuzkröte
Hofmann, Patrick: S. 17 Hermelin
Hübner, Holger: S. 65 Singdrossel
Kindermann, Zoë Helene/Wikipedia: S. 103 Haselmaus im Winterschlaf, File: Dormouse1.jpg, Lizenz CC BY-SA 4.0
Kistowski, Gordana & Ralf/wunderbare-Erde.de: S. 64 Heckenbraunelle S. 78 Rauchschwalben, S. 81 Buntspecht oben rechts, S. 84 Seeadler, S. 116 Blindschleiche links
Koch, Andreas: S. 129 Laichgewässer der Gelbbauchunke
Leo, Frank/fokus-natur.de: S. 117 Natternhemd
Liedtke, Bernd: S. 19 Eichhörnchen fliegend, S. 50 Eichhörnchen/Zapfen
Low, Uwe: S. 60 Rotkehlchen
MEV Agency: S. 13 Wildschwein
Müller, Andreas: S. 49 Biberteich
Nees, Henry: S. 68 Starenwolke
Nill, Dietmar: S. 22 Großes Mausohr, S. 25 Wasserfledermaus und Braunes Langohr, S. 145 Mückenfledermaus
Olszewski, Lukasz/Wikipedia: S. 121 Erdkröte in Drohhaltung, zweimal abgebildet (einmal freigestellt), File:Bufo bufo-defensive reaction1.JPG, Lizenz CC BY 3.0
Paul, Regina: S. 13 Malbaum
Pixabay: S. 8 Wildschwein, Lizenz gemeinfrei
Pusch, Carsten: S. 93 Eulengewölle
Rae, Alastair/Wikipedia: S. 83 Schwarzspecht mit Jungen, File:BlackWoods.jpg, Lizenz CC BY-SA 2.0
Richter, Oliver: S. 19 Siebenschläfer S. 58 Rotmilan
Roggel, Klaus: S. 75 Mauersegler mit gefülltem Kehlsack
Schiersmann, Jürgen: S. 16 Fischotter, S. 18 Feldhasen
Schmitz, Kathrin: S. 44 Sasse
Schulz, Helge: S. 28 Dachs, S. 47 Dachs oben rechts
Stephan, Wiltrud: S. 100 Strohblumenkranz mit Zaunkönig-Nest (zwei Fotos)
Walch, Michaela: S. 90 Waldohreule S. 92 Waldohreule oben (Kopf)
Wawra, Anna/People-Fotografie: S. 147 zwei Porträts
Wawra, Johannes: S. 4, 6, 31, 34, 36, 39 zwei Fotos klein Mitte, 40, 42, 45, 47 Dachsbau oben links und Fußspur, 48, 51, 52, 53, 54 Nüsse unten, 57, 61, 62, 63 Zaunkönig, Zilpzalp, 65 Amsel, 68 Kleiberhöhle, 71 Krähenschwarm oben, 73, 74, 75 Mauersegler oben, unten links und unten rechts (freigestellt), 79, 80, 81 (drei Fotos unten), 82 Hackspur Buntspecht, 86, 89, 91, 92 Ästling Mitte, Eulenfedern unten, 93 Waldohreulen unten, 96, 98, 102, 103, 104, 107, 110, 112, 114, 115 Blindschleiche, 118, 120, 122 Erdkröte oben, 123, 124, 125, 127, 128, 130, 132 Gartenteich, 133, 134, 136, 138, 142, 143, 144, 146, 148, 149
Wawra, Ursula: S. 46 Dachspfad, S. 87 Rotmilan-Habitat

Illustrationen

alle Illustrationen von Johannes Wawra

Fotovorlagen für Illustrationen

S. 16: Iltis nach einem Foto von Malene Thyssen/Wikipedia, File:Ilder.jpg, Lizenz CC BY-SA 3.0
S. 16: Fischotter nach einem Foto von Petra Härtl
S. 19: Gartenschläfer nach einem Foto von Jiri Bohdal
S. 20: Feldmaus nach einem Foto von Paul van Hoof; Ost-Schermaus nach einem Foto von Iain H Leach; Feldhamster nach einem Foto von Lubomir Hlásek; Wanderratte nach einem Foto von Hans Jörg Hellwig/-Wikipedia, File:Co-swand-09-12.jpg, Lizenz CC BY-SA 3.0
S. 21: Maulwurf nach einem Foto von Didier Descouens/Wikipedia, File:Talpa europaea MHNT.jpg, Lizenz CC BY-SA 4.0
S. 32: Rehbock nach einem Foto von Jiri Bohdal
S. 49: Biberfuß nach einem Foto von Stefanie Venske, Biberzentrum Rheinland-Pfalz der GNOR e.V.
S. 68: Star nach einem Foto von Thomas Kirchen
S. 70, 71, 72, 116: Saatkrähe nach einem Foto von Andreas Trepte/Wikipedia, File:Rook-Corvus frugilegus.jpg, Lizenz CC BY-SA 2.5
S. 78 Kirche nach einem Foto v. Maik Meid/Wikipedia, File:StiepelerDorfkirchemit-Friedhof.jpg, Lizenz CC BY-SA 3.0
S. 113: Waldeidechse groß nach einem Foto von G.-U. Tolkiehn/Wikipedia, File:Zootoca vivipara 11401.jpg, Lizenz CC BY 3.0
S. 115: Ringelnatter-Kopf nach einem Foto von Günther und Mathilde Dahmen
S. 117: Ringelnatter nach einem Foto von Jiri Bohdal
S. 117: Kreuzotter nach einem Foto von Wolfgang Völkl
S. 117: Kreuzotter-Kopf nach einem Foto von Günther und Mathilde Dahmen
S. 126: Geburtshelferkröte nach einem Foto von Lubomir Hlásek
S. 132: Teichmolch-Männchen nach einem Foto von Jiri Bohdal
S. 133: Alpensalamander groß und Feuersalamander nach Fotos von Lubomir Hlásek

ÜBER UNS

Schon als Kind wollte ich unterrichten. Am liebsten Biologie und noch besser draußen. Damals waren die jungen Fichten auf einer Lichtung meine Schüler, die ich über das Wachsen und Reifen von Blaubeeren unterrichtete, ein dicker Baumstumpf war mein Pult, der Himmel meine Tafel. Die Fliegen summten in der windstillen Sommerluft, die Fichten hörten geduldig zu.

Als mir 1986 nach meinem 2. Staatsexamen ein viele Jahre dauernder Lehrer-Einstellungsstopp das Unterrichten zu verwehren drohte, wurde mein alter Traum wahr: Ich machte mich als Naturpädagogin selbstständig. Die Berufsbezeichnung „Naturpädagogin" musste ich allerdings zuvor erfinden ...

Schon in den ersten Jahren wurde ich bei meinen Exkursionen immer wieder nach Materialien zur Erkundung der heimischen Natur gefragt: „Wo kann man das alles nachlesen?" – Die draußen von mir eingesetzten Lernkarten zum Suchen, Sammeln und Bestimmen hatte ich eigens für meine Exkursionen als Unikate angefertigt. Was aber könnte man Lehrern, Eltern und Kindern an die Hand geben?

Mein Bruder Johannes als freiberuflicher Grafik-Designer hatte die zündende Idee: Wir entwickelten im hierfür gegründeten Selbstverlag unter dem Titel „Natur erleben durch das Jahr" einen mehrjährigen Lehr- und Lernkalender für den Einsatz in Schulen. Dieser und seine beiden Nachfolger wurden in Deutschland, Österreich und in der Schweiz zu einem großen Erfolg und zählen heute zu den Klassikern der Naturpädagogik. Im Laufe der Jahre erweiterten wir die Reihe der didaktischen Materialien um zahlreiche Lerntafeln, Lernpostkarten und einen Naturfächer.

Mit dem vorliegenden Naturbuch möchten wir insbesondere Kinder durch die faszinierende heimische Tierwelt führen und sie mit einem Grundwissen ausstatten, darüber hinaus aber auch Erwachsene jeden Alters für die Schönheit und Vielfalt der Natur begeistern.

Ursula Wawra

Ursula Wawra, 1960 in Aachen geboren, begann nach ihrer Lehramtsausbildung die Arbeit als freiberufliche Naturpädagogin. Sie führt Exkursionen vor allem mit Schulklassen und Familien durch und leitet zahlreiche Fortbildungen für ErzieherInnen, LehrerInnen und FachleiterInnen.
Bei ihrer Arbeit legt sie großen Wert darauf, Artenkenntnisse und biologisches Wissen über den Weg des unmittelbaren Erlebens in der Natur zu vermitteln.
Als Autorin der Kalender „Natur erleben durch das Jahr" fand sie bundesweit Beachtung an den Lehrstühlen für Grundschul- und Biologiedidaktik der pädagogischen Hochschulen und Universitäten.

Johannes Wawra, 1957 in Aachen geboren, studierte Kommunikationsdesign an der Fachhochschule Wiesbaden (heute Hochschule RheinMain) und ist seit 1982 freiberuflich tätig als Illustrator und Grafik-Designer.
1997 gründete er den Natur-Verlag Wawra und illustriert und gestaltet seither alle im Verlag erscheinenden Produkte. Seine Pastellkreidezeichnungen wurden zu einem unverkennbaren „Markenzeichen": Die mit viel Liebe zum Detail gezeichneten Tiere und Pflanzen erlangen eine Dichte und Lebendigkeit, die dem Vorbild oft verblüffend nahekommen.

Auszeichnungen und Empfehlungen

Kalender „Natur erleben durch das Jahr" 1 und 3:
- ausgezeichnet auf der Internationalen Kalenderschau in Stuttgart 1998 und 2003 für die „didaktisch vorbildliche Aufbereitung"

Kalender „Natur erleben durch das Jahr - 3":
- ausgezeichnet auf der Kalenderschau in Tokio 2004 mit einem Sonderpreis der Jury für „the excellent work of the art"

Kalender „Natur erleben durch das Jahr - 3":
- Bestnote „Ausgezeichnet" in „Ökologie und Lernen – die besten Materialien für zukunftsfähige Bildung im Überblick", Freie Universität Berlin, 2004

Kalender „Natur erleben durch das Jahr" 1-3:
Empfehlungslisten für Lernbücher und Lernmaterialien an Hamburger Schulen, 2005

„Wawra's Naturpostkarten":
- ausgezeichnet mit dem „Red Dot Award" 2010, communication design
- nominiert für den „Designpreis Deutschland" 2012, Kommunikationsdesign
- nominiert für den „German Design Award" 2015, Excellent Communications Design

VON UNSEREN KÄUZCHEN

Zum Bestand des Steinkauzes
(Stand 2025)

Deutschland:
bis 1960 in ganz Deutschland noch weit verbreitet,
heute noch etwa 8000 Paare, davon in Nordrhein-Westfalen etwa 5000 Paare,
Bestand in einigen Regionen rückläufig, in anderen noch stabil oder sogar wieder steigend

Luxemburg:
bis 1960 mehrere Tausend Paare,
um 2020 nur noch etwa 20 Paare,
stark gefährdet

Österreich:
bis 1970 sehr häufig,
heute nur noch 70–100 Paare

Schweiz:
um 1950 etwa 1000 Paare,
um die Jahrtausendwende beinahe ausgestorben,
heute wieder etwa 150 Paare

Die Rufe der Käuzchen aus den knorrigen alten Hainbuchen und Obstbäumen der Nachbarwiesen gehörten in die Winter- und Vorfrühlingsnächte unserer Kindheit wie der Gesang der Feldlerche zum Sommerhimmel. – Die Bäume stehen noch, doch Athene noctua, im alten Griechenland der Vogel der Weisheit, war nach vielen Jahrzehnten in diesen Wiesen für lange Zeit verstummt. Das stimmte traurig. Doch nun sieht es so aus, als kehrten die Käuzchen endlich wieder zurück! (Stand 2025)

Nicht nur in vielen Gebieten Deutschlands, sondern auch in den Nachbarländern macht dem Steinkauz der Verlust seines Lebensraumes zu schaffen: Kleinere Bauernhöfe mit Tagesruheplätzen und Winterquartieren werden aufgegeben, Hecken und Streuobstwiesen mit ihren alten, höhlenreichen Bäumen werden gerodet oder verfallen ohne Nachpflanzungen, Viehweiden müssen eintönigem Ackerland und Bauland weichen, Gifte in Gärten und auf Feldern führen zu einem ungeheuren Insektenschwund. Wo keine Höhle mehr zu finden ist und keine Maus und kein Käfer mehr leben kann, hat auch der kleine Kauz keine Chance mehr.

Zum Glück zeigen Schutzprogramme wie der Erhalt von Streuobstwiesen und das Anbringen von Brutröhren mancherorts bereits Erfolge. Sie lassen hoffen, dass der Steinkauz in den betroffenen Gebieten doch noch vor dem völligen Verschwinden zu retten ist.

VON A WIE ABENDSEGLER BIS Z WIE ZWERGSPITZMAUS

S

T

U

W

Z

Aktionen

Wir sind alle
aus dem gleichen Holz geschnitzt.
Nur kann der eine schöner flöten
und der andere weiter denken.

Möge der Mensch nur
weit genug denken ...